TourenAtlas Wasserwandern Nr.2 Weser-Ems

zwischen Mittellandkanal und Nordsee

© 2005-2013: Jübermann-Verlag, D 29525 Uelzen, Krempelweg 2
Tel.: 0581-78232, Fax 0581-77516, E-Mail: info@juebermann.de
ISBN: 978-3-929540-62-8 Internet: www.juebermann.de
2. Auflage 2013, 88 Seiten, 70 Karten, Maßstab 1: 75 000, Format: 20,3 x 29,3cm, Spiralbindung

Druck:	**Color-Offset-Wälter** GmbH Dortmund
Papier:	**Polypropylen „SuperYupo®FEB95“** (http://superyupo.com)
Digitalisierung:	Martin Ritz, Hamburg und Erhard Jübermann, Uelzen
Software für Karten:	**OCAD®**-11.0 für Windows (www.ocad.com)
Geländeerkundung:	Martin u. Malte Ritz, Hamburg, Erhard Jübermann, Uelzen
Titelfoto:	Kettler-Verlag Hamburg

D1943447

Die Karten und Skizzen des TourenAtlas TA2 sind urheberrechtlich geschützt. Jede Verwertung außerhalb der engen Grenzen des Urheberrechts ist ohne Zustimmung des Jübermann-Verlages unzulässig und strafbar. Dies gilt insbes. für Vervielfältigungen, Mikroverfilmungen und Einspeicherung und Verarbeitung in elektronischen Systemen. Wer gescannte Karten (z.B. für GPS-Nutzung) auf seinem Rechner hat, muss gleichzeitig im Besitz der Original-Papierkarten sein. Gerichtsstand ist Uelzen.

Aus gegebenem Anlass: Sollte es durch Ihre Hinweise möglich sein, einen Missbrauch aufzudecken, erhalten Sie 33% der eingenommenen Schadensersatzsumme.

Also z.B.: Eine einzelne Kopie für den eigenen Gebrauch, um die Karte selbst zu schonen, geht in Ordnung; die ganze Fahrtengruppe mit Kopien versorgen ist unzulässig und außerdem ausgesprochen unsportlich.

Kleine Kartenausschnitte können im Internet veröffentlicht werden: mit Quellenangabe und Link auf www.juebermann.de, + Information an den Jübermann-Verlag.

Zur 2. Auflage: Zunächst geht ein großer Dank an alle, die durch ihre Informationen, Mithilfe bei den Neukartierungen sowie durch Korrektur- und Ergänzungsmeldungen zum Gelingen dieses „TA2“ beigetragen haben. Allen Nutzern wünschen wir eine gute Fahrt, und mögen evtl. unentdeckte Kartenfehler keinen Ärger bereiten.

Es hat sich einiges mit dieser Auflage verändert. Neben den ganz offensichtlichen Änderungen: Umschlag, Titelseite, Blattschnitt, Erweiterungen (Dümmer/Hunte, Mittellandkanal im Osten bis zur Elbe), einheitlich wasserfestes Material,- wurde jetzt die Anschriftentabelle komplett ans Ende gestellt. Damit ergibt sich eine vollständig neue Durchnummerierung der Kartenseiten. Wir haben neben der Gewässerdarstellung auch die Landinformationen überarbeitet. Wer unsere Karten komfortabel elektronisch nutzen möchte, dem sei unser Programm JONA empfohlen (Jübermann-Outdoor-Navigator).

Wem der **Blattschnitt** auf dem Umschlag hinten zu klein ist: Auf der Homepage befindet sich eine hochauflösende Vergrößerung zum Ausdrucken, ebenso eine Liste aller enthaltenen Gewässer, siehe www.juebermann.de/direktlink/dir-TA2.html

Der **Jübermann-Verlag** hat sich auf die Herstellung von Gewässerkarten für Wassersportler spezialisiert. Unsere Karten, die im Maßstab 1:100 000 und größer (hier 1:75 000) hergestellt werden, sind in Bezug auf die Gewässer bzw. Wassersportinhalte im Gelände überprüft. Jeder dargestellte Gewässer-km ist auch kontrolliert worden. Hier sind keine Schreibtischtäter am Werk, sondern passionierte Wassersportler, die ihre Erfahrung an die Kartennutzer weitergeben.

Die Situationen vor Ort ändern sich täglich. Es wird gebaut, Befahrbarkeiten ändern sich und laufend werden neue Befahrungsregelungen vorgenommen. Mit jedem neuen Produkt und jeder Neuauflage versuchen wir, die Realität so genau wie möglich zu erfassen und in unsere Karten wassersportspezifisch zu übernehmen. Um unsere Kunden bis zum Erscheinen einer Neuauflage nicht im Stich zu lassen, geben wir Aktualisierungsblätter heraus:

Inhaltliche Aktualisierungen: Alle dem Verlag bekannten Korrekturen und Ergänzungen werden umgehend allen Nutzern per Internet zur Verfügung gestellt: **www.juebermann.de/pdf/TA2.pdf** Dieses PDF-Dokument aktualisiert jeweils die aktuelle Auflage.

Da wir bei aller Liebe zum Wassersport nicht zu jeder Zeit an jedem Gewässer sein können, sind wir darauf angewiesen, dass Kartenbenutzer uns Veränderungen und Korrekturen mitteilen. Bitte leiten Sie Ihre Beobachtungen möglichst umgehend zum Nutzen Aller an den Verlag weiter!

Die Befahrungsregelungen und alle weiteren Karteninhalte sind nach bestem Wissen eingebracht und ohne Gewähr. Absolute Fehlerfreiheit ist unmöglich. **Daher lehnt der Jübermann-Verlag jegliche Haftung bei Unfällen oder Gesetzesübertretungen ab, die durch fehlerhafte oder fehlende Karteninhalte entstanden sind.** So genau dieser Atlas auch erarbeitet wurde, er wird nicht fehlerfrei sein, und er entbindet Sie nicht von Ihrer Sorgfaltspflicht.

Bei den Befahrungsbeschränkungen sind in der Regel nur diejenigen berücksichtigt, die eine wesentliche Behinderung bedeuten. Privatgrundstücke, Uferstreifen, Schilfzonen und kleine Inseln sind nur in Ausnahmefällen aufgeführt. Sollte sich ein Widerspruch zu örtlichen Ausschilderungen oder Auskünften ergeben, sind grundsätzlich die vor Ort vorgefundenen Gegebenheiten zu beachten.

Unsere Gewässerkartierung ist immer eine Momentaufnahme zur betreffenden Jahreszeit / Wasserstand.

Angaben zu den **Liege- und Übernachtungsmöglichkeiten** bei den Vereinen sind **ohne Gewähr** und nur ein Anhaltspunkt für die Fahrtenplanung, ebenso die mit Δ vermerkten Vereins-Zeltplätze und Zeltmöglichkeiten z.B. bei Gaststätten oder Biwakplätzen. ***Die hier aufgenommenen Betriebe/Vereine sind auf Grund der Eintragung in diesem Atlas nicht verpflichtet, Gäste aufzunehmen***, eine vorherige Anmeldung ist ratsam, bei Gruppen unumgänglich.

Die Angaben für **Motorbootfahrer und Segler** haben wir in der neuen Auflage ausgeweitet. Neben den Gewässertiefen haben wir nach Kräften auch die begrenzenden Brückenhöhen, Geschwindigkeitsbeschränkungen, etc. mit aufgenommen.

Für aktuelle Informationen heißt **das Zauberwort ELWIS**.

Das **El**ektronische **W**asserstraßen **I**nformations **S**ystem der Wasser- und Schifffahrtsverwaltung des Bundes im Internet (http://www.elwis.de).

Hier gibt es bei den „Gewässerkundlichen Informationen" neben vielen anderen nützlichen Informationen (Sperrungen/ Schleusen-Tel.Nr./-Zeiten usw.) auch die Möglichkeit, tagesaktuelle Informationen über die Pegelstände an den schifffahrtsrelevanten deutschen Gewässern zu erfahren. Dort kann man außerdem auch an den aktuellen Trends absehen, ob sich der Wasserstand im Wochen- oder sogar im Tagesverlauf tendenziell eher verschlechtert oder verbessert.

Kennzeichnungspflicht für Kleinfahrzeuge: Ohne amtliches Kennzeichen dürfen fahren:

Nur mit Muskelkraft betriebene Boote / Beiboote, Segelboote ohne Motor bis 5,50m Länge, Motorboote mit nicht mehr als 2,21 kW Antriebsleistung.

Diese Boote müssen aber auf jeden Fall mit Bootsnamen und zusätzlich mit Name + Anschrift des Eigentümers (innen- oder außenbords) versehen sein.

Alle übrigen Sportboote mit weniger als 20m Länge müssen ein amtliches Kennzeichen führen, welches vom zuständigen Wasser- u. Schifffahrtsamt oder den einschlägigen Fachverbänden (DSV, DMYV, ADAC...) ausgestellt wird. Vermietete Sportboote haben zusätzlich ein Vermietungskennzeichen zu führen.

Wichtige Informationen für die Sportschifffahrt auf Binnenwasserstraßen einschl. aktuellen Pegelständen/ Tauchtiefen/ Sperrungen/ Schleusen-Tel.Nr./ Kennzeichnungspflichten usw. finden Sie im Internet unter www.elwis.de (s.o.).

„Schifffahrtsgewässer und Ausweichpflichten":

Die Aussage, Kanuten hätten allen anderen auszuweichen, ist zwar aus der Sicht des Schwächsten eine sinnvolle Überlebenstaktik, stimmt so aber nicht. Mal von den Spezialitäten (Rhein, Mosel, Donau, Bodensee, Privatgewässer) abgesehen gilt **binnen**:

1. Die BinSchStrO kennt grundsätzlich nur Kleinfahrzeuge (unter 15t) *und keine Sportfahrzeuge.*
2. Berufsschifffahrt hat grundsätzlich Vorrang vor Kleinfahrzeugen!

3. Kleinfahrzeuge mit Maschinenantrieb: Sind gegenüber ALLEN Fahrzeugen einschl. ALLER anderen Kleinfahrzeuge AUSWEICHPFLICHTIG! Also auch gegenüber Seglern, Ruderern u. Kanuten.
4. Kleinfahrzeuge ohne Maschinen- oder Segelantrieb (Ruder- und Paddelboote): Selbstverständlich ausweichpflichtig gegenüber allen >15t! Auch gegenüber den "anderen Kleinfahrzeuge ohne Maschinenantrieb" sprich Seglern ausweichpflichtig!

Also klare Verhältnisse in der rechtlichen Reihenfolge des "Zufriedengelassenwerdens":

1. Berufsschifffahrt (brauchen keinem ausweichen)
2. Segler (sofern unter Segeln)
3. Ruderer und Kanuten
4. Freizeit-Motorboote (müssen allen ausweichen)

Anmerkung: Eine Kanu-/Ruder-Gruppe muss den Motorbooten natürlich eine Chance zum Ausweichen geben und nicht in breiter Front nebeneinander fahren.

Wo Regatten laufen, hält man sich schon aus sportlichen Gründen fern und vermeidet Wellenschlag. Ebenso sind Schilfgürtel besonders anfällig für Wellenschlag! Durch umsichtiges Verhalten können Motorbootfahrer einen wichtigen Beitrag zum Erhalt dieses Lebensraumes leisten.

Buten ist es etwas komplizierter:

Im Bereich der SeeSchStrO wird unterschieden zwischen "im Fahrwasser", wo alle Fahrzeuge unter 20m und damit insbesondere die mit Handbetrieb praktisch Freiwild sind, und "außerhalb des Fahrwassers", wo die allgemeinen Regeln der SeeSchStrO gelten. Dort ist über die Muskelbetriebenen in Sachen Wegerecht aber nichts enthalten.

Implizit: In Verkehrstrennungsgebieten hat „Muskelbetrieb" erst mal nichts zu suchen. Wenn wir eines queren wollen, müssen wir allen anderen aus dem Weg gehen (-also nur mit äußerster Vorsicht und auf kürzestem Wege).

Maschinenfahrzeuge müssen außerhalb des Fahrwassers allen anderen ausweichen.

Überholer müssen generell ausweichen.

2. Auflage 2013
wasserfest
Polypropylen-Folie Yupo®

TOURENATLAS Nr. 2:

Weser - Ems

TA 2

zwischen Mittellandkanal und Nordsee

Wasserwandern

Maßstab 1: 75.000

1,5 cm ≙ 1 km
15 cm ≙ 10 km

gekauft bei:
3.5.16 - U.
Büttmann & Gerriets
Oldenburg
€ 23.00

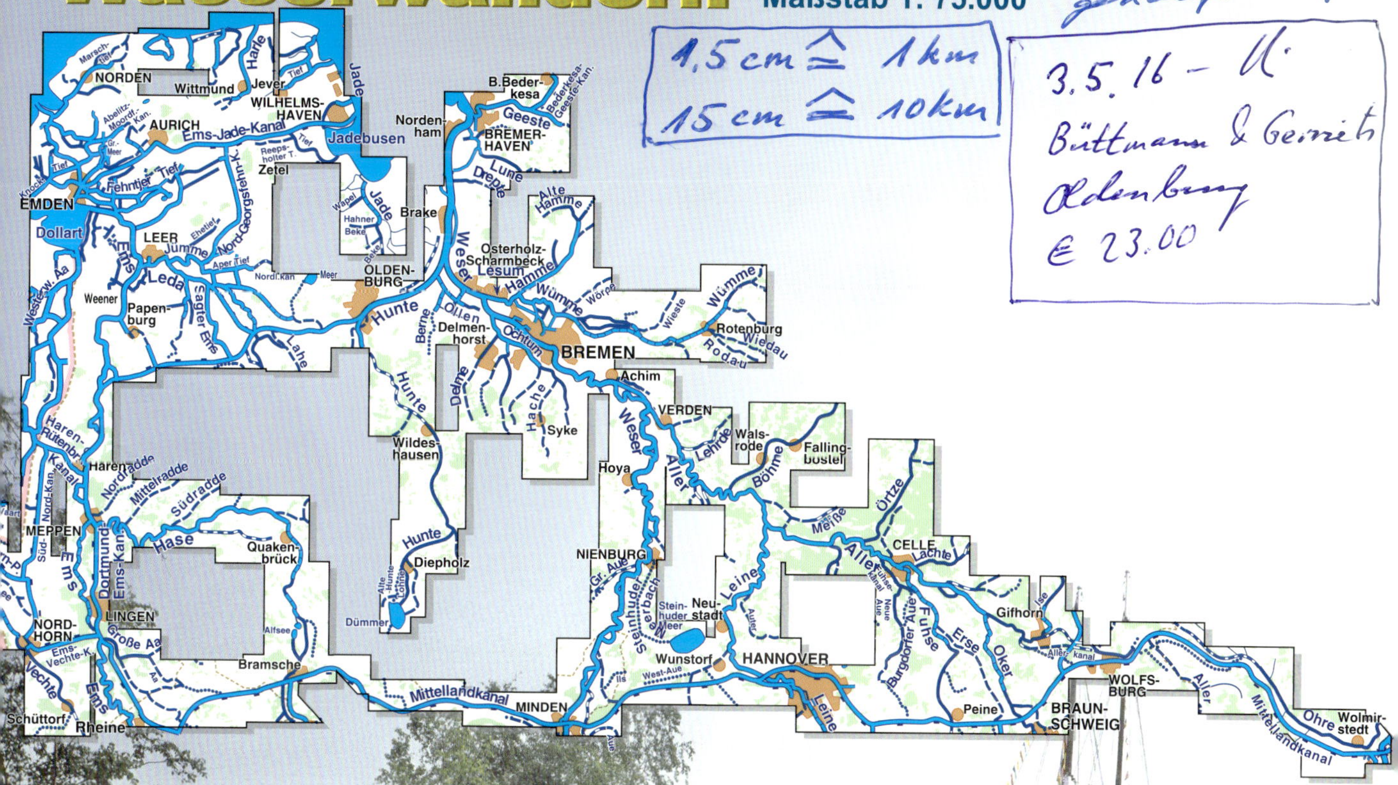

ISBN: 978-3929540-62-8

Jübermann-Kartographie
info@juebermann.de
www.juebermann.de

Zeichenerklärung

M= 1: 75 000

Karten/Seite 7-76 1cm ≙ 750m

Kanugewässer
- nur bedingt befahrbar
Rudergewässer
-eingeschränkt befahrbar
Motorbootgewässer
Spundwände, Buhnen
Anlegeverbot (NSG)
Fluss gesperrt

Gesperrte Wasserfläche für Motorsport
Wasserfläche für alle Boote gesperrt
(kleinere Seen sind nicht berücksichtigt)

Wattbereich
Tiefenwerte (in Meter)
Tiefenlinien (unter TNW) 0m / 2m / 5m / 10m

Höhe des Sees über dem Meeresspiegel (12,5m ü.NN)

Gewässer - km
Zeichen für je 1km, alle 5km mit Zahl
amtliche km (schwarze Zahlen)

gestrichelte Linien:
schwarz = Routen für Yachtsport
weiss = Routen für K+R-Sport
(-gleichzeitig die Strecke(n), auf der die markierten km verlaufen)
Sieltor

kleine Stromschnelle / Sohlgleite
heftige Stromschnelle, schwierig
6m Durchschnittliche Flussbreite
2 km/h Strömungsgeschwindigkeit
kleine Brücke/ Steg
unbefahrbarer Damm
PE P Pegel / Farbpegel Rot-Grün
Mühle / Wehr
Staubereich vor einem Wehr
Düker
Durchlass befahrbar
Schleuse
2,5 Tauchtiefe
1,8 Durchfahrtshöhe (in m)
1,2bB. bewegliche Brücke
8 Höchstgeschwindigkeit (km/h über Grund)

Gitter: WGS 84
Gitterweite: = 1,0 Minuten
53° 12' / 9°10'
25 Überdeckungsbereiche der Anschlusskarten
31 Anschlusskarte/ -seite

Anlegeverbot / Ankerverbot
Fahrverbot f. Motor / -f. Kanu
Nacht Motor-Nachtfahrverbot
Tankstelle* / Wasserski
Anleger
Signalstation
Einfahrt verboten
Einfahrt mit Motorkraft verboten

Fahrwassermarkierung:
Tonnen (beleuchtet)
Dalben
Richtfeuer
(Feuer in Linie) 90° Richtfeuerlinien
Wrack / Baken
Kabel / Kabelgebiet

Weser-Radwanderweg

farbkodierte Angaben
Kanu Rudern Motor Camping/Heim
TA2-23-1 TA2-23-2 TA2-23-3 TA2-23-4 Verweis auf die zugeordneten Informationen in der Anschriftentabelle (Seite 73-85)

Kanu- / Ruder-/ Yachtverein
Vereine, zu denen keine genauen Angaben vorliegen, oder die keine Übernachtungsmöglichkeit bieten

Campingplatz/Jugendherberge
Naturfreundehäuser
priv. Campingbereiche ohne Aufnahme von Gästen
Wohnmobil-Parkplatz
Zeltmöglichkeit/Biwakplatz
Yachthafen / Gelbe Welle-Hafen
Werft
Liegeplatz f.Yachten/Ankerplatz
Rastplatz Kanu /
Rastplatz Kanu+Rudern
Rastmöglichkeit **

Es handelt sich hier um Rast- u. evtl. Zeltmöglichkeiten, die im Vorbeipaddeln aufgenommen wurden, ohne mit den jeweiligen Grundbesitzern den Sachverhalt abgesprochen zu können (-dann wären auch nur noch wenige Dreiecke da). Außerdem sind sie nicht ganz vollständig erfasst. Sollte es an solchen Stellen Probleme geben, rechtfertigt Euer Verhalten bitte **nicht mit dem Eintrag in dieser Karte!

Einsetzen Kanu / Kanu + Rudern
Aussetzen Kanu / Kanu + Rudern
singgemäß Ein- und Aussetzstelle
Slipanlage
Hinweis auf Uferseite zum
meist durch lagerichtigen Pfeil zum Gewässer dargestellt
Detailskizze, siehe Nr.

1 Detailskizzendarstellungen: ergänzende Legende
Steilwehr / Schrägwehr
Walze bzw. Rücklauf
Schwall
?? vor Befahrung anschauen
Paddel-/ Ruderstrecke
Motorbootroute
Umtrageweg / Gleislore
Brücke / Zaun
PKW-Parkplatz / Telefon
*Apotheke / Geldinstitut
*Café o. Imbiss
Liegeplatz Rettungskreuzer
Stege

Wald / Park u. Obst
Sumpf / Naturschutzgebiet
Heide / militärisches Sperrgebiet
27 Autobahn / Schnellstraße
96 Bundes-/Landes-/Nebenstraße
kl. Verbindungsstraße
Fahrweg / Waldweg
Böschung / Steilrand / Kliff
Deich / großer Deich
Hochspannungsleitung*
Eisenbahn
- nur mit Güterverkehr
Bahnhof / Haltepunkt / S-Bahn
U-Bahn-Haltestelle
geschlossene Siedlung
Gewerbegebiet / Friedhof
Einzelhäuser / Kirche / Sportpl.
Kappeln sehenswerter Ort
Höhenlinien / Höhenpunkt (78)
Äquidistanz 10m
Museum* / Denkmal*
Krankenhaus
Schloss oder Burg / -ruine
Windmühle* / Windgenerator*
Hallenbad* / Freibad*
Wasserschutzpolizeistation
Badestelle im See oder Fluss
Personenfähre
Autofähre/ Gier- o. Seilfähre
Aussichtsturm* / Turm
Aussichtspunkt*
Bäcker* / Lebensmittel*
Restaurant* / Hotel, Pension*
(Versorgung, Restaurants, Hotels und Gasthöfe sind nur teilweise -meist in Gewässernähe- aufgenommen, hier besteht kein Anspruch auf Vollständigkeit)

Abkürzungen:

K R Y	Kanusport/Rudersport/Yachtsport
≈	befahrbar
✕	unbefahrbar / umsetzen
li re	links / rechts
K1 K2	Einerkajak Zweierkajak +Canadier
	Brücke
!!	Achtung, Gefahr
!!!	Achtung Lebensgefahr
??	Gewässer könnte evtl. befahrbar sein, selbst erkunden
?	befahrbares Gewässer, wurnicht erkundet, Hindernisse ?
??	vor Befahrung Anschauen (z.B. bei Wehranlagen)
Wst.	Wasserstand
HW	sehr hoher Wasserstand
MW	guter Wasserstand
NW	geringer Wasserstand
TNW	mittleres Tide-Niedrigwasser
THW	mittleres Tide-Hochwasser
OW	Oberwasser
UW	Unterwasser
	Speise-Restaurant*
	Kanu-/ Kajakvermietung*
	Fahrradvermitung /-bereitstellung
	Wohnwagen / Miet-Wohnwagen
	Brötchenservice

* In Gewässernähe wurde versucht, möglichst viele dieser Einrichtungen zu erfassen, aber ohne Anspruch auf Vollständigkeit. Bitte geben sie eigene Erfahrungen an den Verlag weiter.

Wir kommen!
Dieses Motto ist ein Synonym für die Flotte der Deutschen Gesellschaft zur Rettung Schiffbrüchiger (DGzRS) – im Küstenjargon „Die Retter“. Wir möchten allen Nutzern unserer Tourenatlanten wünschen, dass sie diese legendär gewordene Institution nie in Anspruch nehmen müssen. Die DGzRS ist in den Seegebieten der Bundesrepublik Deutschland (Nord- und Ostsee) für den maritimen Such- und Rettungsdienst (SAR) zuständig. Aber diese Umschreibung ist eigentlich viel zu einfach für die vielfältigen Funktionen, welche die Besatzungen der Seenotrettungsboote und –kreuzer im Alltag an unseren Küsten wahrnehmen. Die jährlich erscheinenden Jahrbücher der Gesellschaft mit ihren Tätigkeitsberichten sprechen Bände über das segensreiche Wirken.

Für den Fall der Fälle:
Einsatzleitung und Koordinationsstelle im Seenotfall ist die SEENOTLEITUNG BREMEN, das Maritime Rescue Coordination Centre (MRCC) der DGzRS. In dieser Zentrale laufen alle Notrufe und Notmeldungen zusammen. Sie steht auch in ständiger Verbindung mit dem SAR-Dienst der Bundeswehr. Selbstverständlich können aber auch die Seenotleitung und die Seenotkreuzer untereinander ständig über Funk und/oder Telefon in Verbindung treten.
Die Seenotleitung Bremen ist 24 Stunden am Tag und 7 Tage in der Woche erreichbar:
Telefon: 04 21 – 5 36 87 –0; Fax: 04 21 – 5 36 87 –14.
Alarmierungen können aber auch über die an unseren Küsten verteilten Seenotwachen oder die Seenotkreuzer direkt vorgenommen werden. Auch über die Telefonnummern 110 und 112, die Wasserschutzpolizei oder die Küstenfunkstellen von DP07 Seefunk wird schneller Kontakt zur Seenotleitung in Bremen hergestellt. Das MRCC ist seit 1999 auch mit der kontinuierlichen Überwachung der UKW-Seefunk-Seenotkanäle 16 und 70 betraut. Wer die Seenotleitung unter BREMEN RESCUE RADIO ruft, bekommt schnell Kontakt!
Diese Zentrale in Bremen kann schnell und effektiv Hilfe koordinieren. Die moderne Kommunikationstechnik ermöglicht ständigen Kontakt aller Beteiligten, so dass sich viele Verantwortliche direkt kennen. Natürlich können manche Entscheidungen nur vor Ort schnell und flexibel getroffen werden. Dafür ist im konkreten Einsatz ein sogenannter OSC (On Scene Commander) zuständig. Meist ist dies der Vormann des örtlichen Rettungskreuzers, der z.B. auch bei einer Suchaktion nach einer vermissten Person alle anderen Suchfahrzeuge koordiniert. In manchen Fällen können auch Wassersportfahrzeuge suchen helfen.

DP07 Seefunk
Mehr als nur Seefunkgespräche.
Wer über ein UKW-Seefunkgerät verfügt, kann über die Küstenfunkstellen von DP07 umfangreiche Services rund um den Wassersport bekommen. In der „Saison“ werden z.B. 5x am Tag Wetterberichte, Vorhersagen und Warnmeldungen verbreitet. Darüber hinaus kann man als DP07-Kunde aber auch dann die Wetterinformationen per SMS aufs Handy bekommen, wenn man die festen Sendezeiten verpasst hat.
Die „Große Konferenz –von Borkum bis Bornholm“ nach den Wetterberichtszeiten hat unter Wassersportlern schon Kultstatus. Kapitän Dietzel und seine Operator-Kollegen sind passionierte Praktiker, die wissen, wovon sie reden!
Kontakt: DP07 Seefunk – Reiner Dietzel – Estedeich 84, 21129 Hamburg, Telefon: 040 – 23 85 57 82, Telefax: 040 – 74 13 42 42, Internet: www.dp07.com oder über die Küstenfunkstellen von DP07!

Wetterberichte
Die Wege zum aktuellen Wetter sind vielfältig. Wir möchten Ihnen hier eine Übersicht für die in diesem Atlas enthaltenen Reviere geben.

Wetterberichte „on Air“

Nordsee	Frequenz	
00:05 NDR Info	Lingen: Hannover: Hamburg:	792 kHz 828 kHz 972 kHz
01:05 Deutschlandfunk 01:05 Deutschlandradio	1269 kHz 177 kHz	
06:40 Deutschlandfunk 06:40 Deutschlandradio	1269 kHz 177 kHz	
07:45 KüFuSt. DP07	Elbe-Weser Borkum Bremen Accumersiel	Kan. 24 Kan. 61 Kan. 25 Kan. 28
08:30 NDR Info	Lingen: Hannover: Hamburg:	792 kHz 828 kHz 972 kHz
09:45 KüFuSt. DP07	s.o.	
11:05 Deutschlandfunk 11:05 Deutschlandradio	1269 kHz 177 kHz	
12:45 KüFuSt. DP07	Frequenzen s.o.	
16:45 KüFuSt. DP07	Frequenzen s.o.	
19:45 KüFuSt. DP07	Frequenzen s.o.	
21:05 Deutschlandfunk 21:05 Deutschlandradio	1269 kHz 177 kHz	
22:05 NDR Info	Lingen: Hannover: Hamburg:	792 kHz 828 kHz 972 kHz

Wetterberichte im Internet
Auch hier haben wir nur eine „willkürliche“ Auswahl:
http://www.dwd.de/ DIE Quelle und Grundlage für Wetterinfos. Gleichgültig, ob im Binnenland, an der Küste oder auf See.
http://www.wetteronline.de/radar.htm Anschauliche Übersicht der Niederschlagsverhältnisse mit aktuellem Regenradar und Prognose http://www.windfinder.com/ Schwerpunkt auf Wind*vorhersagen*. Der sog. Superforecast bietet stundengenaue Prognosen für 3 Tage.

Kanusport:
Die **Befahrbarkeit der Wehre** für Kanuten ist stark wasserstandsabhängig, zusätzlich spielt die Ausrüstung und Erfahrung eine wesentliche Rolle. Eine Besichtigung ist meist unerlässlich. Auf kleineren Flüssen sind die als meist ≋ bezeichneten Wehre nicht alle eingetragen. Eventuell ≋ Wehre können je nach Wasserstand oder gutem Fahrkönnen oder zu bestimmten Zeiten befahren werden. Dieses gilt für Kunststoff-Einerkajakfahrer. Für offene Canadier, Faltboote und Ruderboote sowie Anfänger sind auch die als ≋ bezeichneten Wehre oft umzutragen.
An vielen Wehren, Stufen, Sohlgleiten (z.B. an der Hase) stehen Schilder mit Befahrungsverboten wegen Lebensgefahr (man sollte oft besser schreiben: „wegen Haftungsausschluss der Erbauer“). Hier sollten Sie sich die Gegebenheiten auf jeden Fall vorher anschauen, auch wenn sich der erfahrene Wasserwanderer durch diese Schilder schlichtweg „auf den Arm genommen“ fühlt. Einige Stellen können aber unter bestimmten Bedingungen durchaus kritisch sein, vor allem bei außergewöhnlichen Wasserständen, also bitte immer mit Vorsicht!
(-wir möchten Sie als Kunden behalten)
Die Kartierung der Gewässer ist immer eine Momentaufnahme zur betreffenden Jahreszeit / Wasserstand. Für etliche Flüsse fehlen Erfahrungswerte insbesondere für den Mindestwasserstand:
z.B. Wieste , Rodau, Wiedau, Veerse (Wümme), Giehler Bach, Drepte...
Per Telefon abrufbare Pegelstände wie in NRW wären wünschenswert.

KANU: Allgemeine Hinweise:

- Sollten Sie bisher noch nicht Kanu gefahren und/oder auf einen Bootsvermieter angewiesen sein, achten Sie neben der zur Verfügung gestellten Boots- und Ausrüstungsqualität auch darauf, dass Sie in Paddeltechnik, Sicherheit und Verhalten in der Natur eingewiesen werden, ansonsten suchen Sie sich einen anderen Bootsvermieter (-gibt es inzwischen reichlich).
- Bei Campingplätzen, Vereinen und Häfen sollten sich Gruppen immer vorher anmelden, ebenso alle, die einen mehr als 3-tägigen Urlaubsaufenthalt auf einem Campingplatz planen.
- Mit gelben oder weißen Tonnen abgegrenzte Bereiche, -auch Badestellen-, dürfen nicht befahren werden. Das Befahren von Schilfzonen ist ebenso verboten!
- Das Zelten/Biwakieren außerhalb von Campingplätzen, Vereinen oder von ausgewiesenen Biwakplätzen ist innerhalb von Naturschutzgebieten verboten (hohe Strafen)! Außerhalb setzt es das Einverständnis des Grundeigentümers voraus. Dieses ist jedoch in vielen Gebieten nicht (mehr) gegeben, - also nur im tatsächlichen Notfall, und ohne Spuren zu hinterlassen!
- Der Müll ist nach einer Rast / Biwak absolut restlos wieder mitzunehmen und einer geeigneten Mülltonne zuzuführen. Wenn jeder nur eine Getränkedose (auch eingegraben) hinterlässt, wäre dort am Jahresende eine Müllkippe und im nächsten Jahr ein Zaun mit Verbotsschild.
  Der "menschliche Abfall" lässt sich einschl. Klopapier eingraben (Spaten mitnehmen) -bitte kein anderes haltbares Papier wie z.B. Papiertaschentücher verwenden!
- Ohne Lagerfeuerromantik kommen viele anscheinend auch im trockensten Sommer nicht aus. **Es ist meist verboten**, zum Kochen sowieso nicht nötig, zum Wärmen hat man besseres und zum Mückenvertreiben auch.
- Die Schleusen-Benutzung ist für Kanuten und Ruderer noch weitgehend gebührenfrei. Sie fahren generell bei grünem Licht und als letztes hinter allen Motorbooten ein (!-sonst evtl. Strafe-!). Ausnahmen bestimmt ggf. der Schleusenwärter.
- Die Angaben für Kanuten sind abgestimmt für Einzelwanderer bis zu kleinen Gruppen. Fahrtenleiter größerer Gruppen, insbesondere von gewerblichen Vermietern sollten sich auf jeden Fall vergewissern, dass die Objektnutzungen auch möglich und erlaubt sind. Viele hier eingetragene Rastmöglichkeiten, Umtragewege, Ein-/ Ausstiegsstellen verkraften keinen Massenansturm.
- **Kleinflussfahrten:** Kleine Fließgewässer stellen in der Regel noch weitgehend intakte Naturräume dar, die schützenswert sind. Sofern nicht gesperrt, sollte man auf ihnen nur in Kleingruppen fahren. Die Naturbeobachtung steht im Vordergrund, nicht der sportliche Aspekt. Allerdings: Viele dieser Gewässer sind so kurvenreich, mit Büschen und (umgestürzten) Bäumen, auch Stromschnellen und kleinen Stufen versehen, dass Anfänger nur am Kämpfen wären und ein Naturgenuss nicht aufkommen kann.

Küstenfahrten: Das Befahren der Küstengewässer und auch der Unterweser und unteren Ems im Tidebereich mit Kajaks und Ruderbooten erfordert ein weitaus höheres Maß an Erfahrung, Bootsbeherrschung, Bootsmaterial und Ausrüstung als im Binnenrevier. Die auf Flüssen und Binnenseen häufig im Kanusport benutzten Canadier sind an der Nordsee völlig ungeeignet. Bereits bei einer kleinen Wetterverschlechterung gerät man ganz schnell über die Leistungsgrenze hinweg. Im ostfriesischen Binnenrevier sind im Canadier aber Touren bei windschwachem Wetter gut möglich. Die besten Boote sind allerdings auch hier seetüchtige Einer- und Zweierkajaks, durch Abschottung oder große Luftkammern unsinkbar gemacht, mit dicht schließender Spritzdecke versehen, Steueranlage unumgänglich, Schwimmweste ebenso. Eine sehr gute Bootsbeherrschung ist selbstverständlich und Wetterkunde.
Lassen Sie sich von einer der Ausrüstungsfirmen beraten.
Das Bundesministerium für Verkehr, Bau und Stadtentwicklung (BMVBS) hat eine Broschüre herausgegeben: „Sicherheit auf dem Wasser. Wichtige Regeln und Tipps für Wassersportler“, Bestellung: buergerinfo@bmvbs.bund.de.
Die **Naturschutzgebiete / Nationalparks** der Nordsee und das Wattenmeer erfordern eine eingehende Information einschließlich aktueller Seekarten. Daher wurde in diesem Atlas bewusst auf eine gebrauchsfähige Darstellung des Wattenmeeres verzichtet.

Stolzenau
RC Stolzenau
TA2-7-3
Pegel
Am Weserufer
km 243
ca. 1,5 km/h
Weser
Kanu-u-Segelclub Stolzenau
TA2-7-2
MBC Hannover
Weser str.
Mühlenteich
Landesbergen
Bootsgasse für K
R: Treideln möglich oder Bootswagen ist vorhanden
100m
Schlüsselburg
Standort Bootswagen
!, Straßenverkehr
!, für R eng
100m
Kroge
Düsterer See
TA2-8-1 KC Nienburg
Skizze auf Seite 8
80m
1-2 km/h
Oyle
Haßberg
Bühren
265
TA2-7-5 RV Nienburg
Naturfreundehaus "Luise Wyneken"
Tel.: 50 21 / 28 12
Nienburg
Binnen
Schäferhof
Liebenau
Große Aue
Weser
Kattriede
Heidberg
schwierig
Winterbach
Eickhof
Hafen
260
Nienburger Bruch
Leeseringen
Estorfer See
max. 535cm
50m
2 km/h
km-Sprung, es fehlen 2,1 km
255
Sohlrampe
Estorf
Alte Weser
Aalfangkahn
Wellie
Staustufe Landesbergen
Bollwerder Graben
Landesberger Mühle
Schleuse Landesbergen
UKW 27, 0 50 25- 16 56
Ziegelei
Steinhuder Meerbach
Wahlebach
250
Kolk
0,5 km/h
Landesbergen
Wilhelmshof
Heemsche
Anemolter
WSV Landesbergen TA2-7-4
Heidhausen
Brokeloh
Süllhof
Schinna
Sehnsen
15
Kohlenweihe
Hahnenberg
Bruch-u.Kolkgraben
max. 550cm
1 km/h
245
TA2-7-3 RC Stolzenau
Holzhausen
Sögeberg
TA2-7-2 Kanu-u.Segelclub Stolzenau
Böthel
Stolzenau
Domäne Stolzenau
Leese
Hütten
Hüttenmoor
TA2-7-1 Campingplatz Stolzenau
Hibben
Schleuse Schlüsselburg
UKW 18, 0 67 61- 78 64
Sohlgleiten nur bei HW
-Stege vorhanden
240
Müsleringen
Schleusenkanal (Länge: 3,6 km)
Weser: km 206 bis Landessbergen 2,8
!, Aalfangkahn
20
Hoppenberg
Steinhuder Meer-Bach
Düsselburg
Fulde
Schlüsselburg
Staustufe Schlüsselburg
Gut Schlüsselb.
K+R vom 1.Okt.- 15. Apr. gesperrt, Schl.-Kan. benutzen
(außerhalb der Schl.-Betriebszeit ist zügiges Durchfahren in Strommitte bis 1/2 Std. nach Sonnenuntergang erlaubt)
übrige Zeit Durchfahrt für K+R erlaubt, Anlanden verboten
Wasserstraße
230
235
Heimsen
Neuhof
Ilvese
Bössel
Ortbruch
Riehe
Drögenhors
Segler-Vereinigung Heimsen/Weser
Loccum
Loccumer Heide
Golfpl.
Ilveser Holz
© 2005-2013 Jübermann-Verlag

© 2005-2013 Jübermann-Verlag

11
26
8

© 2005-2013 Jübermann-Verlag

© 2005-2013 Jübermann-Verlag

© 2005-2013 Jübermann-Verlag

© 2005-2013 Jübermann-Verlag

© 2005-2013 Jübermann-Verlag

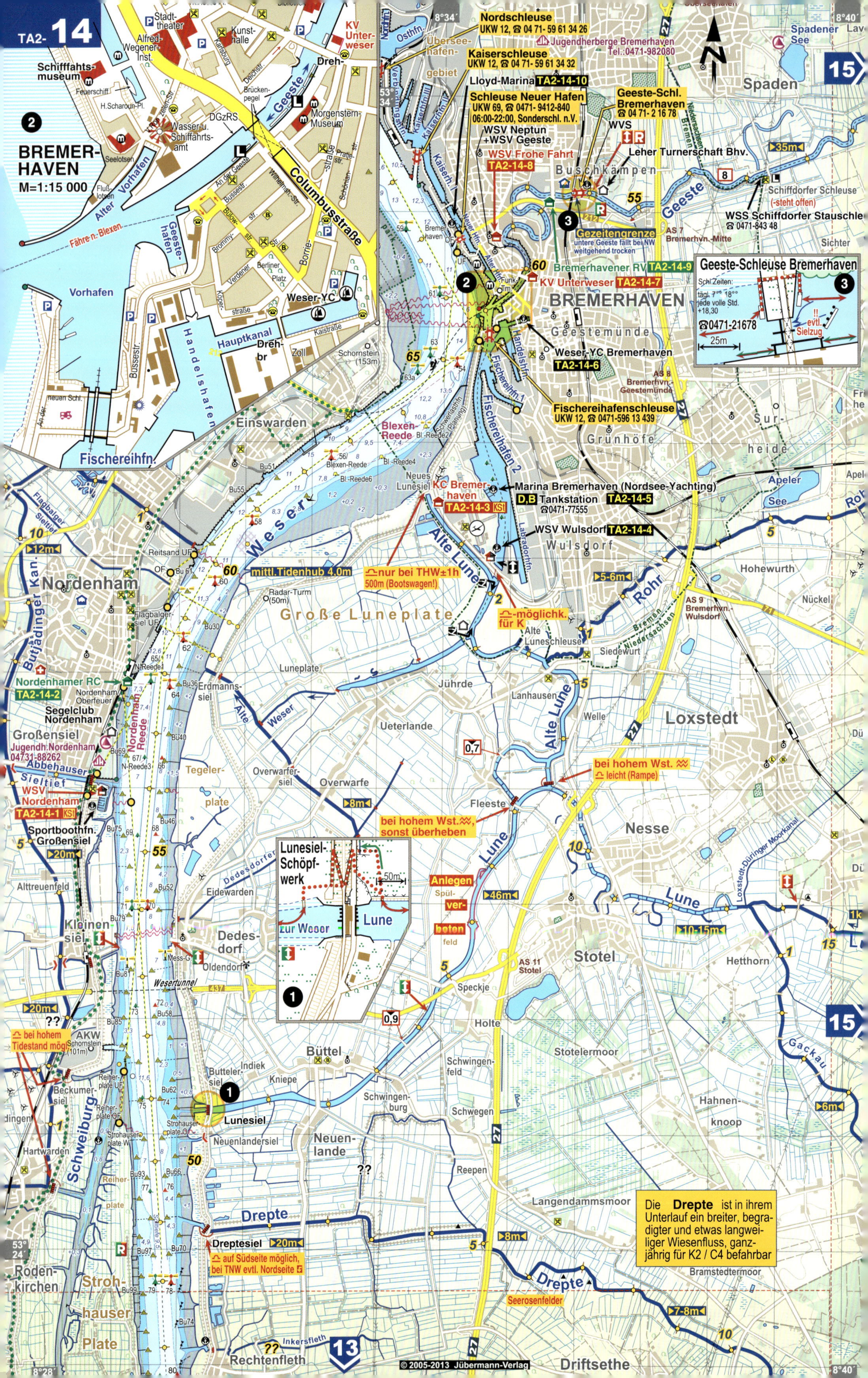
BREMER-
HAVEN
M=1:15 000
Schifffahrts-
museum
Stadt-
theater
Alfred-
Wegener-
Inst.
Kunst-
halle
KV Unter-
weser
Dreh-
Geeste
Morgenstern-
Museum
Wasser-u.
Schiffahrts-
amt
DGzRS
Columbusstraße
Alter Vorhafen
Fähre n. Blexen
Geeste-
hafen
Vorhafen
Handelshafen
Hauptkanal
Weser-YC
Fischereihfn.
Nordschleuse
UKW 12, ☎ 04 71-59 61 34 26
Kaiserschleuse
UKW 12, ☎ 04 71-59 61 34 32
Jugendherberge Bremerhaven
Tel.: 0471-982080
Lloyd-Marina TA2-14-10
Schleuse Neuer Hafen
UKW 69, ☎ 0471-9412-840
06:00-22:00, Sonderschl. n.V.
WSV Neptun
+WSV Geeste
WSV Frohe Fahrt
TA2-14-8
Geeste-Schl.
Bremerhaven
☎ 04 71-2 16 78
WVS
Leher Turnerschaft Bhv.
Spaden
Spadener
See
Buschkämpen
Geeste
35m
Schiffdorfer Schleuse
(-steht offen)
WSS Schiffdorfer Stauschle
☎ 0471-843 48
Gezeitengrenze
untere Geeste fällt bei NW
weitgehend trocken
AS 7
Bremerhvn.-Mitte
Bremerhavener RV TA2-14-9
KV Unterweser TA2-14-7
BREMERHAVEN
Geestemünde
Geeste-Schleuse Bremerhaven
Schl.Zeiten:
☎0471-21678
25m
evtl.
Sielzug
Weser-YC Bremerhaven
TA2-14-6
AS 8
Bremerhvn.-
Geestemünde
Fischereihafenschleuse
UKW 12, ☎ 0471-596 13 439
Surheide
Grünhöfe
Einswarden
Blexen-
Reede
Schornstein
(153m)
Fischereihafen 2
Marina Bremerhaven (Nordsee-Yachting)
D,B Tankstation TA2-14-5
☎0471-77555
KC Bremer-
haven
TA2-14-3
Apeler
See
WSV Wulsdorf TA2-14-4
Wulsdorf
Weser
mittl. Tidenhub 4,0m
nur bei THW±1h
500m (Bootswagen!)
Alte Lune
Hohewurth
5-6m
Rohr
AS 9
Bremerhvn.-
Wulsdorf
Nückel
Radar-Turm
(50m)
Große Luneplate
möglichk.
für K
Alte
Luneschleuse
Siedewurt
Nordenham
12m
Reitsand
Butjadinger Kan.
Flagbalger Sieltief
Nordenhamer RC
TA2-14-2
Segelclub
Nordenham
Großensiel
Jugendh.Nordenham
04731-88262
Abbehauser
Sieltief
WSV
Nordenham
TA2-14-1
Sportboothfn.
Großensiel
20m
Luneplate
Erdmanns-
siel
Alte Weser
Jührde
Lanhausen
Ueterlande
Welle
Loxstedt
0,7
Nordenham
Reede
Tegeler-
plate
Overwarfer-
siel
Overwarfe
8m
bei hohem Wst.
leicht (Rampe)
Fleeste
bei hohem Wst.
sonst überheben
Nesse
Alltreuenfeld
Dedesdorfer
Eidewarden
Lunesiel-
Schöpf-
werk
50m
Lune
Anlegen
Spül-
ver-
boten
feld
46m
Lune
10-15m
Loxstedt-Düringer Moorkanal
Kleinensiel
Dedes-
dorf
Oldendorf
Wesertunnel
AS 11
Stotel
Stotel
Hetthorn
20m
bei hohem
Tidenstand mögl.
AKW
Schornstein
(101m)
Speckje
0,9
Holte
Büttel
Indiek
Butteler-
siel
Kniepe
Schwingen-
feld
Stotelermoor
Gackau
Beckumer-
siel
Schweiburg
Lunesiel
Schwingen-
burg
Schwegen
Hahnen-
knoop
6m
Hartwarden
Neuenlandersiel
Neuen-
lande
Reepen
Langendammsmoor
Reiher-
plate
Die Drepte ist in ihrem
Unterlauf ein breiter, begra-
digter und etwas langwei-
liger Wiesenfluss, ganz-
jährig für K2 / C4 befahrbar
Drepte
Driptesiel 20m
auf Südseite möglich,
bei TNW evtl. Nordseite
8m
Bramstedtermoor
Drepte
Seerosenfelder
7-8m
Roden-
kirchen
Stroh-
hauser
Plate
Rechtenfleth
Inkersfleth
13
15
Driftsethe
© 2005-2013 Jübermann-Verlag

Neben-karte li.
Schifffahrtsweg Elbe-Weser
Bederkesa-Geeste-Kanal
WSV "Delphin" Wehdel
☎ 04703-1442
Geeste+Bederk.-Geeste-Kan.: 2,7 1,5 8
Schifffahrtsweg Elbe-Weser 2,7 1,5 8
Die Geeste oberhalb Geestenseth ist nur selten befahrbar und kaum noch zugänglich (konnte nicht kartiert werden). Ab Geestenseth bis zum Bederkesa-Geeste-Kanal für K1 besser befahrbar, aber viele "holzige" Hindernisse, nur für Geübte.
Kührstedt
Ringstedt
Brink
Marschkamp
Bramel
Großer Sellstedter See
Alte Sellstedter Grove
Altluneberg
Scheidebach
Vorm Moor
Baum-/Buschhindernisse
Freisdorfer Mühlenbach
Geestenseth
Sellstedt
Wehdel
Pennhop
Rohr
Hosermühlen
Böcken
1,7-3m
hier nur bei HW
Donnern
Bexhövede
Bockhoop
Bülter See
Heerstedt
Stinstedt
Lohe
Dohren
Stinstedter Bach
Dohrener Bach
Plumsfort
Heyerhöfen
Steine !!
Sportboothfn. Bad Bederkesa
TA2-15-1
Bederkesaer See
WSV Bederkesa TA2-15-2
Bad Bederkesa
Campingpark Bad Bederkesa
Falkenburg
Galgenberg
Lintiger Schleuse
06°°-22°°Uhr
Automatikschleuse (mit Gebührenautomat für Y)
Lintig
Brandhagen
Alfstedt
16m
Kührstedt
Geeste-Kanal
Obere Wittgeeste
WSV "Delphin" Wehdel
Schleuse Lintig
60m
Automatik-schleuse mit Gebührenautomat (6-22°°Uhr)
Westerbeverstedt
Freschluneberg
Lunestedt
Lune
12m
6m
Wachholz
Wehldorf
Beverstedt
Wachel
re.200m
Deelbrügge
Beverstedter Bach
Seerosen
Elfershude
5m
Beverstedtermühlen
Taben
Stemmermühlen
3m
4m
re.
li.
Kirchwistedt
Bäume, Buschhindernisse
li.100m
Sühne
Hollen
Dreieinigkeit
Billerbeck
Stufe+Sohlrampe kaum, unmöglich, überheben oder herunterrumpeln
alte Holzpfeiler evtl.Treibgutsperre
Hollenerheide
Hollenerkamp
Stubben
Wellener Bach
Spintenkamp
Wellen
Heise
Ober-heise
Lehdeberg
Krans-moor
Bokel
Seebeck
Langenfelde
Oldendorf
Ahe
8°41´
8°51´
8°53´
53° 34´
53° 24´
14
© 2005-2013 Jübermann-Verlag

© 2005-2013 Jübermann-Verlag

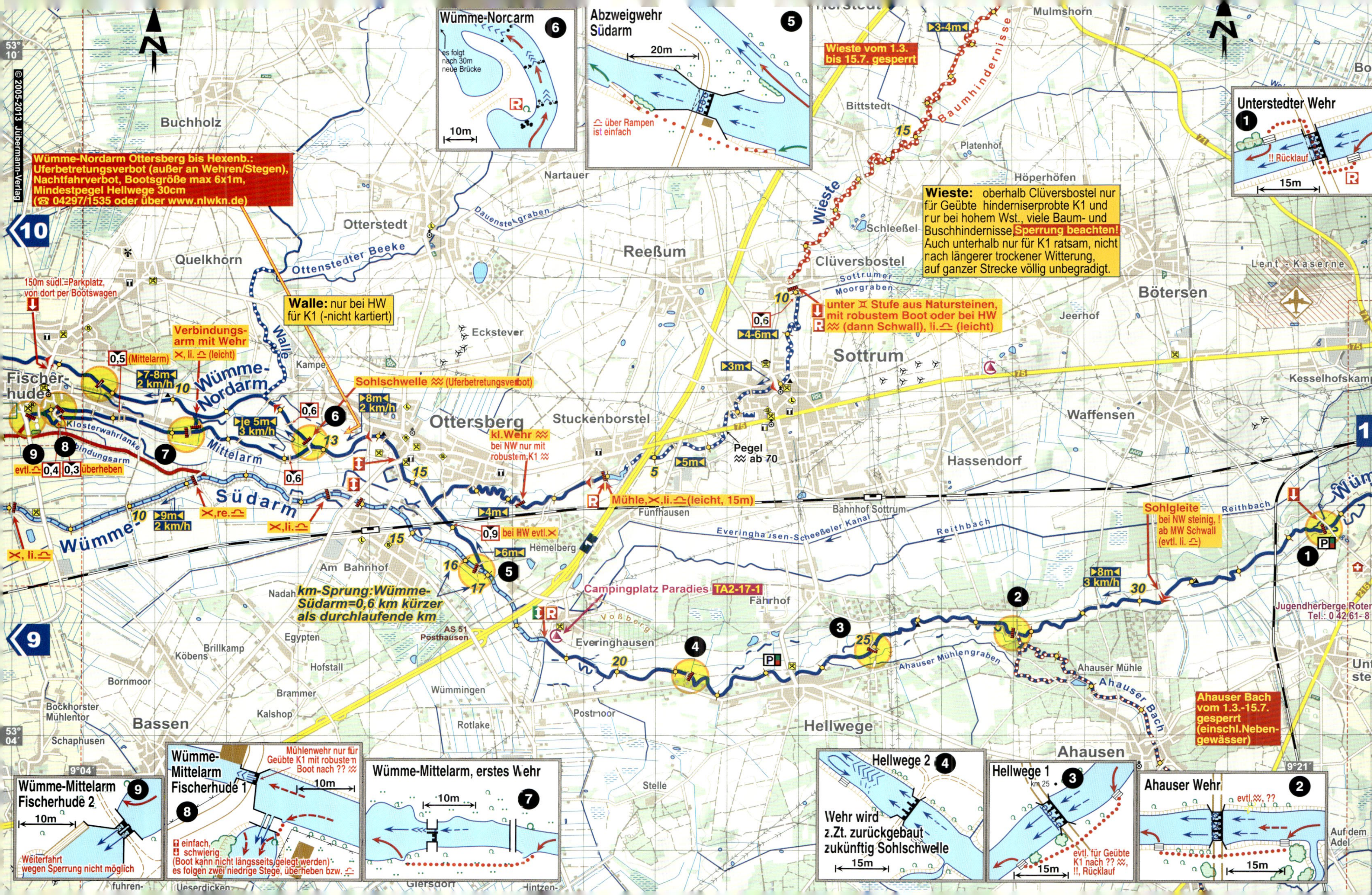
Wümme-Nordarm Ottersberg bis Hexenb.: Uferbetretungsverbot (außer an Wehren/Stegen), Nachtfahrverbot, Bootsgröße max 6x1m, Mindestpegel Hellwege 30cm (☎ 04297/1535 oder über www.nlwkn.de)
Walle: nur bei HW für K1 (-nicht kartiert)
Verbindungs-arm mit Wehr ✕, li. ⌓ (leicht)
Sohlschwelle ≈ (Uferbetretungsverbot)
kl. Wehr ≈ bei NW nur mit robustem K1 ≈
Mühle, ✕, li. ⌓ (leicht, 15m)
km-Sprung: Wümme-Südarm=0,6 km kürzer als durchlaufende km
Campingplatz Paradies TA2-17-1
Wieste vom 1.3. bis 15.7. gesperrt
Wieste: oberhalb Clüversbostel nur für Geübte hinderniserprobte K1 und nur bei hohem Wst., viele Baum- und Buschhindernisse Sperrung beachten! Auch unterhalb nur für K1 ratsam, nicht nach längerer trockener Witterung, auf ganzer Strecke völlig unbegradigt.
unter ⌶ Stufe aus Natursteinen, mit robustem Boot oder bei HW ≈ (dann Schwall), li. ⌓ (leicht)
Sohlgleite bei NW steinig, ! ab MW Schwall (evtl. li. ⌓)
Ahauser Bach vom 1.3.-15.7. gesperrt (einschl. Neben-gewässer)
Jugendherberge Rotenburg Tel.: 0 42 61 - 8 30 41
150m südl.=Parkplatz, von dort per Bootswagen
Pegel ≈ ab 70
bei HW evtl. ✕
Wümme-Norcarm 6
es folgt nach 30m neue Brücke
10m
Abzweigwehr Südarm 5
20m
⌓ über Rampen ist einfach
Unterstedter Wehr 1
!! Rücklauf
15m
Wümme-Mittelarm Fischerhude 2 9
10m
Weiterfahrt wegen Sperrung nicht möglich
Wümme-Mittelarm Fischerhude 1 8
Mühlenwehr nur für Geübte K1 mit robustem Boot nach ?? ≈
10m
einfach, schwierig (Boot kann nicht längsseits gelegt werden) es folgen zwei niedrige Stege, überheben bzw. ⌓
Wümme-Mittelarm, erstes Wehr 7
10m
Hellwege 2 4
Wehr wird z.Zt. zurückgebaut zukünftig Sohlschwelle
15m
Hellwege 1 3
km 25
evtl. für Geübte K1 nach ?? ≈, !!, Rücklauf
15m
Ahauser Wehr 2
evtl. ≈, ??
15m
Buchholz
Quelkhorn
Otterstedt
Nartauer
Reeßum
Clüversbostel
Bötersen
Sottrum
Ottersberg
Stuckenborstel
Hassendorf
Waffensen
Kesselhofskamp
Fischerhude
Fünfhausen
Everinghausen
Hellwege
Ahausen
Unterstedt
Bassen
Wümme
Wümme-Nordarm
Mittelarm
Südarm
Wieste
Ahauser Bach
Reithbach
Everinghausen-Scheeßeler Kanal
Ottenstedter Beeke
Walle
Klosterwahrlanke
Bahnhof Sottrum
Am Bahnhof
Hemelberg
Fährhof
Ahauser Mühle
Ahauser Mühlengraben
Jeerhof
Höperhöfen
Platenhof
Bittstedt
Mulmshorn
Borchel
Lent - Kaserne
Luhne
Schleeßel
Eckstever
Kampe
Nadah
Egypten
Kröbens
Brillkamp
Bornmoor
Hofstall
Brammer
Kalshop
Wümmingen
Rotlake
Postmoor
Stelle
Bockhorster Mühlentor
Schaphusen
Aufdem Adel
AS 51 Posthausen
Voßberg
Dauenstegraben
Sottrumer Moorgraben
Baumhindernisse
10
16
9
53° 10'
53° 04'
63° 10'
63° 04'
9°04'
9°21'
© 2005-2013 Jübermann-Verlag

!!! Staßenverkehr !!!
Giehler Mühle
Es folgt nach 30m eine meist ✕ Stufe (jede Menge Steine im UW) erst danach
Hamme Viehspecken
Schl. SB
Hamme Teufelsmoor
pri-vat
Schl. SB
Sohlabsturz (0,6m) f. geübte K1, leicht
Sohlabsturz (0,5m), evtl., leicht
keine Parkmöglichkeit
Im Sommer teilweise sehr stark verkrautet (bis Viehspecken)
Giehler Bach
km 0,0
2x Sohlabsturz (0,6m) f. geübte K1, ??, leicht
!! bei hohem Wst. erheblicher Rücklauf
Stauklappe (0,7m)
Stauklappe (0,3m) überheben
Steine unter
Neue Hamme -wurde nicht kartiert
(Kollbeck)
Schleuse (SB) Viehspecken
(PKW-Zufahrt von Viehspecken aus)
13m <0,5 km/h
Rummeldeisbeek -wurde nicht kartiert
Teufelsmoor-Schl.(SB)
Campingpl.Teufelsmoor TA2-18-2
Gasthaus Schamaika TA2-18-1
Schmoo
Hamme
Hamme-wiesen
Beek
Beek gesperrt vom 15.10.-1.5., übrige Zeit nur Durchfahrt, Anlegen verboten
14m <0,5 km/h
20m <0,5 km/h
Wohnw./Caravanplatz nur begrenzt: 04792-509
Worpswede
Jugendherberge Worpswede, Tel.: 04792-1360
Einbahnstraßenregelung für Sportboote von Tietjenshütte zur halben Stunde rein, vom Hafen zur vollen Stunde raus
Hafenkanal
Semkenfahrt
DKV-Heim Waakhausen +Campingplatz TA2-10-14
TA2-10-12 Segel-Club Hamme
TA2-10-13 RV Osterholz-Scharmbeck
Schl.Ritterhude 04792 - 9312-15
ESV Blau-Weiß Bremen
WV Ritterhude TA2-10-11
VfW Ritterhuder Ulen TA2-10-10
Schl.Ritterhude
bei NW schwierig, für R nicht mögl.
VWRU
04792 - 9312-15
1.4.-31.10.Mo.-Do. 9-12/14-19° Fr.-So. 8-12/14-20° Schl.zu jeder vollen Std
Oldendorf
Steden
Giehle
Giehlermühlen
Paddewisch
Lübberstedt
Wolthöfen
Vollersode
Wallhöfen
Bullwinkel
Hambergen
Windpark
Friedensheim
Viehspecken
Born-reihe
Heißenbüttel
Heilsdorf
Verlüßmoor
Spreddig
Ströhe
Oldenbüttel
Hülseberg
Hüttenbusch
Sandhausen
Teufelsmoor
Am Schütt
Myhle
Altendamm
Penningbüttel
Altenbrück
Osterholz-Scharmbeck
Westerbeck
Buschhausen
Neu Helgoland
Weyermoor
Waakhausen
Worpheim
Moorhausen
Mittelbauer
Niederende
Oberende
Wührden
Kleinmoor
Neugrabenfleet
© 2005-2013 Jübermann-Verlag

© 2005-2013: Jübermann-Verlag

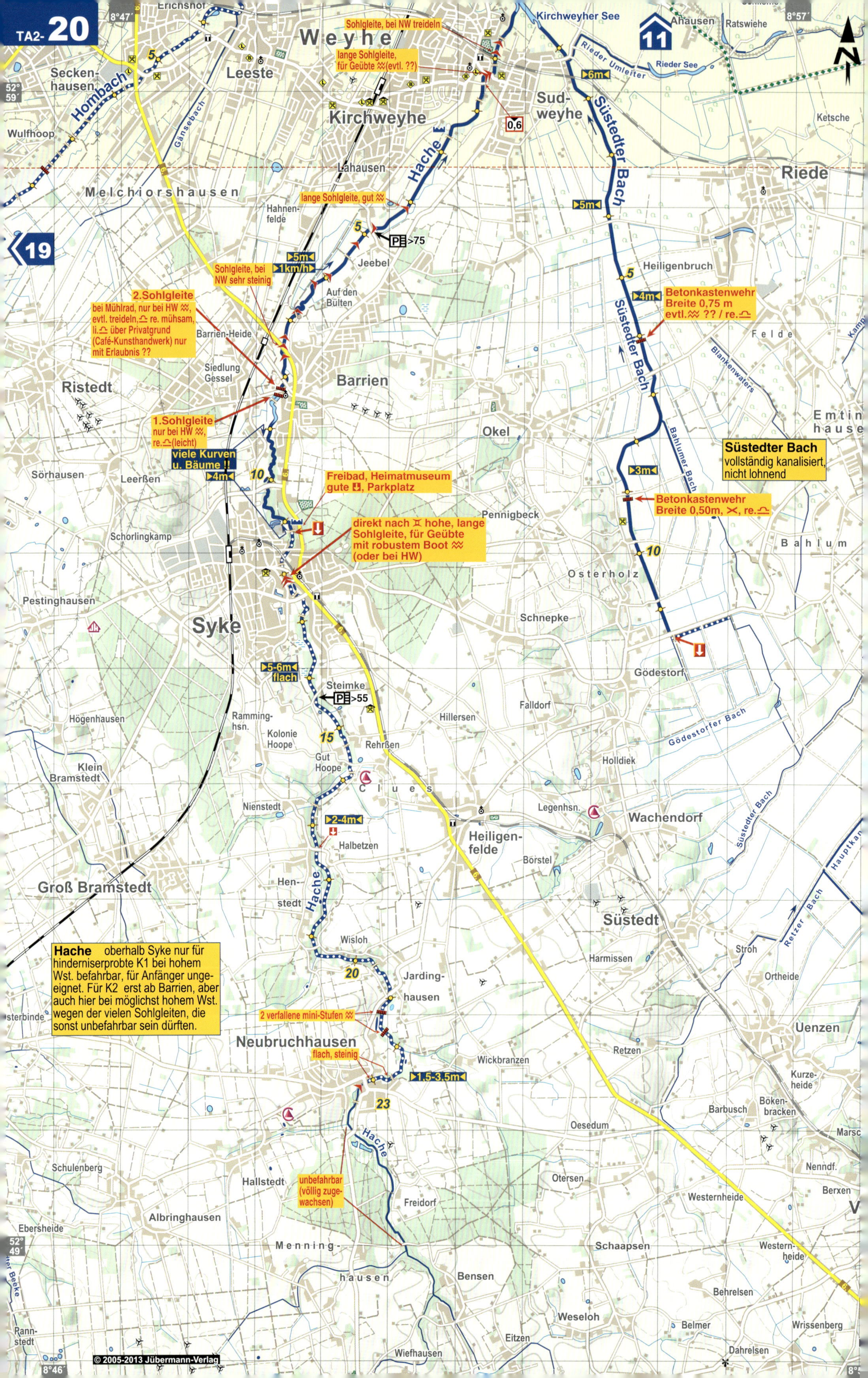

© 2005-2013 Jübermann-Verlag

Müden-Aller 3
100m oberh. zweigt re. der Wehrarm ab, dort ist ein ⏏ unmöglich!
mit langen Booten mühsam
⏏ für R beschwerlich
2 Blockstein-Stufen 2
bei MW, bei NW nur für robuste Kurzboote
25m
Schlosssee 1
kleiner Rundkurs von Ise mit 1x ⏏ zum Schlosssee und an der Isemühle zurück ⏏
Gifhorn
30m
Aller
Rotaller
hier folgt eine nur bedingt Sohlstufe, ⏏ nicht möglich, besser in Rotaller ⏏
Müden (Okerwehr) 5
25m
Achtung, Wellenbrecher, auch bei HW ist das Wehr absolut ✕ !!!
Seershausen 4
auf 100m flach, ggf. treideln
Wasserspielplatz
(zur Mühle Meinersen (kein ⏏)
50m
Langlingen
16m 0.5 km/h (unter der ⏏)
Aller
Kläranlage
Im Flahn
Berg
Sandberg
Hohnebostel
Flettmar
Osterfeld
Böckelse
Müden(Aller)
kl.Stufe (40cm) re. (bei HW nicht bemerkbar)
140
Dieckhorst
Oker
Bockelberge
145
Gerstenbüttel
Ettenbüttel
Stau
Gilde
+Minigolf
12m 1 km/h
150
Wilsche
Neubokel
Hofen
Päse
Ahnsen
5
Stau
Hardesse
Warmse
188
Meinersen
23
nicht in Mühlgraben einfahren, kein ⏏
Seershausen
10
Meerbergsmoor
Brenneckenbrück
Campingplatz G.Dralle
TA-21-1
50cm-Stufe (im Allerkanal) f.geübte K1
Stromschnelle, bei NW flach
Uferbetretungsverbot, Veranstaltungen mit mehr als 10 Booten sind genehmigungspflichtig (Bez.Reg BS, ☎0531-484-0)
7m 2 km/h
5m 3 km/h
1
uriges "Heu-Hotel" ☎0151-53 58 32 52
Aller
155
2 Sohlgleiter, immer (Altarme f. K1 auch)
Winkel
5
0,8
0,7
Ohof
li.fahren
Bahnhof Meinersen
12-14m <1 km/h
wenn Schott hoch genug gezogen, sonst re. ⏏
Plockhorst
15
Sohlstufe (20cm)
Eickenrode
Erse
3-4m
15
Volkse
Grillplatz (75m)
Oker
72
Dalldorf
Bahnhof Leiferde
Leiferde
Vollbüttel
Mühlenriede
Ribbesbüttel
Druffelbeck
Ausbüttel
Isenbüttel
Wagenhoff
Ise
Platen-dorf
Neu-dorf
10
Kästorf
5
Gamsen
Triangel
Marie-Luisenhof
Dragen
Stau
15-20m
Isemühle re. ⏏ (leicht)
Mühlensee
Mühlen-museum
Neuhaus
165
Aller
Im Sommer oft verkrautet
10m 1 km/h
161
Schlosssee
im Dreieck Ise/Aller gute ⏏ (Zufahrt zu den Tennispl)
Schüler-Bhs.
Rotaller
1
Sohlgleite bei HW (⏏ nicht möglich)
Gifhorn
2
Stufe evtl.re. ⏏
5-6m 2-3 km/h
6m 2 km/h
Allerkanal
10
73
5m 2 km/h
Bahnhof Gifhorn
Helenriede
2-3m
nur für K1 bei HW
52° 32'
52° 27'
52° 26'
10°18'
10°35'
22
33
© 2005-2013 Jübermann-Verlag

© 2005-2013 Jübermann-Verlag

© 2005-2013 Jübermann-Verlag

© 2005-2013 Jübermann-Verlag

© 2005-2013 Jübermann-Verlag

© 2005-2013 Jübermann-Verlag

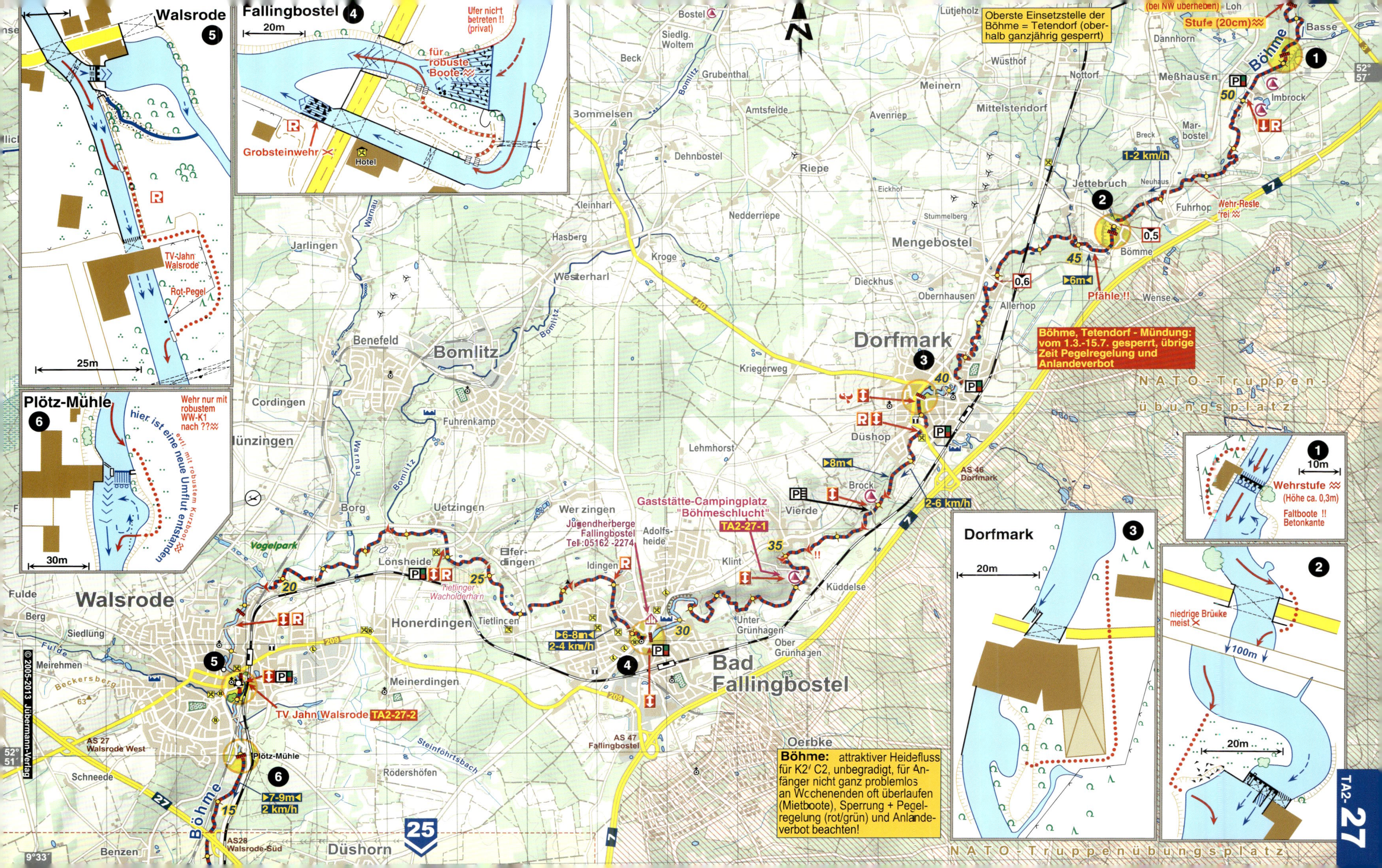

© 2005-2013 Jübermann-Verlag

10°00´
52° 52´
Müden/Örtze
max. 1 Std.
Tourist-info
hier nur zum Entladen halten
20m
ganzjährig gesperrt
Mindestpegel! (selten grün)
Müden (Örtze)
Wildpark
Lönsstein
Hausselhof
Große Heide
Hohenbackeberg
Wietzer Berg
Hetendorf
8-9m 2-3 km/h
Jugendherberge Müden Tel.: 05053-225
Willighausen
kl.Stufe unter Steg
Backeberg
35
Bonstorf
Ronstorferheide
Brunau
Backebergs Mühle
Mühlenberg
93
Widdernhausen
Örtze
Baven
Mindestpegel!
Barmbostel
Neubarmbostel
Lutter
Weesen
Nindorf
Neu Grauen
ganzjährig gesperrt
Hermannsburg
Weesener Bach
Örtze: landschaftlich ansprechender munterer Heidefluss, Gewässerbreite durch Gebüsch oft eingeengt, von km 22 bis Wolthausen z.T. durch Weidengebüsch völlig zugewuchert und daher für Anfänger ungeeigneter Abschnitt, an Wochenenden überlaufen (Mietboote), neue Befahrungsregelung (siehe unten) beachten.
30
Misselhorn
Hof Grauen
Hagen
Roxhüllen
• Örtze von Müden bis zur Mündung:
• befahrbar nur vom 16.5. bis 14.10.
• nur für Boote bis 6m Länge / 1m Breite
• Nachtfahrverbot 18°° bis 9°°Uhr,
• Mindestpegel (rot/grün) an den Einstiegstellen beachten !!
• Anlegen nur an gekennzeichneten Stellen
• Bootskennzeichnung wie auf Binnenwasserstraßen erforderlich (beidseitig Bootsname, Vereinsname, Ortsangabe)
Geübte Kanusportler des DKV dürfen auch vom 15.10.-15.5. fahren unter Beachtung aller übrigen o.g. Regeln und Mitnahme eines gültigen DKV-Ausweises
Misselhorner Heide
8-10m 2+3 km/h Gebüsch
Scharnebeck
Schlüpke
Hiesterhof
Eicksberg
Beckedorf
Tiefental
Bergen
Campingplatz Oldendorf TA2-28-1
Salzmoor
25
Oldendorf
Hünenburg
Huxahl
Bollersen
Horstberg
78
Angelbecks Teich
Höhberg
83
Diesten
Dehningshof
Osterberg
70
Beutzen
Katensen
Lindhorst
Die rot/grün-Werte der Örtze-Pegel können im Internet eingesehen werden. Diese Information wird durch Mitarbeiter des LK Celle eingestellt und etwa zweimal die Woche aktualisiert, nach größerem Wetterwechsel auch kurzfristiger. Vergewissern Sie sich vor Anreise, ob ausreichend Wasser für eine Befahrung auf dem geplanten Abschnitt der Örtze zur Verfügung steht. Nur noch im Ausnahmefall sollte es vorkommen, dass der Pegelstand sich zwischen der letzten Aktualisierung und dem aktuellen Befahrungszeitpunkt von grün auf rot verändert hat und dann vor Ort festgestellt wird, dass nicht gepaddelt werden darf. Denn entscheidend ist nach wie vor der aktuell vor Ort angezeigte Pegelstand, nicht die WEB-Information.
http://www.regioncelle.de/artikel/7397_Aktueller_Pegelstand_an_der_Oertze.html
Bornriethmoor
Hätz
Sülze
Offen
Schwarzer Berg
76
11m
Waldhof
20
Miele
Eversen
Sunderbach
Rehwinkel
Wildeck
Rebberlah
7-11m 3 km/h
Pegel
Achterberg
Altensalzkoth
Feuerschützenbostel
15
Hassel
Kohlenbach
Klosterhof Salinenmoor
24
Wolthausen
15m
bei NW auf ca. 200m sehr flach, ggf. treideln
ganzjährig gesperrt
Obere Drebber
10
Örtze
Jägerei
Bf.Hustedt
(Wittbek) Bruchbach
52° 42´
Wolthausen
Hustedt
Waldkater
Wittbek
22
9°58´
© 2005-2013 Jübermann-Verlag

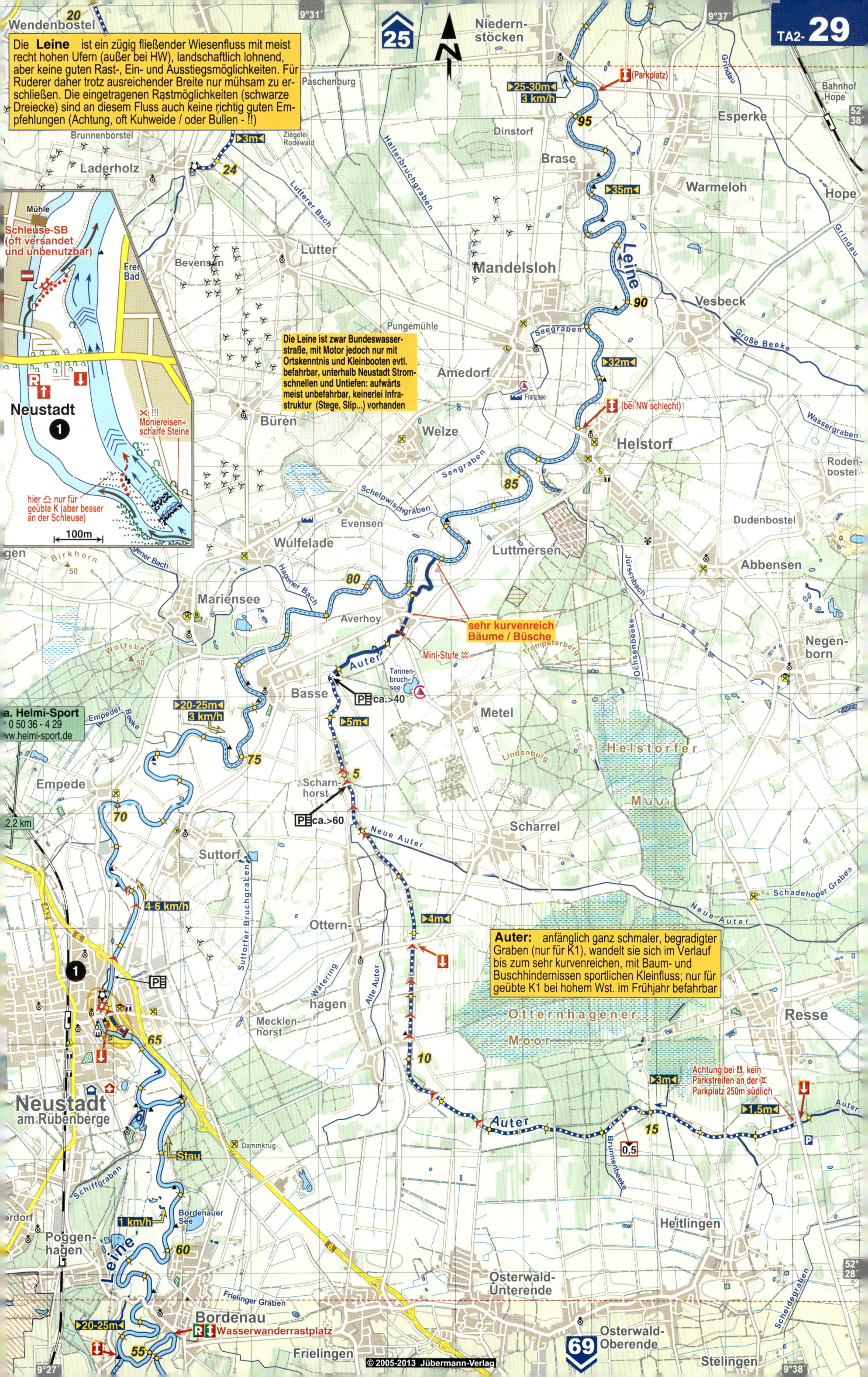

© 2005-2013 Jübermann-Verlag

Wehr auch bei geringer Stauhöhe !!!
li. neben Fischtr. ⏜, oder evtl. Fischtreppe ≈
25m
auch wenn Schotten hoch, unbedingt ⏜ (nur für sehr Geübte nach ?? ≈
15m
für Geübte ≈ evtl. ??, bei NW li. ⏜
15m
Sohlstufe direkt hinter ⌶ ≈ aber ??, bzw. re/li. ⏜
Hesepe
Dobbenfeld
Brandlecht
Hestup
Engden
Engdener Bach
Kruhbecke
Hanwischen
Emsbüren
Berge
Hundehok
Borg
Hockri
Vechte: Schüttorf bis Brandlecht für K2/C2 ganzjährig lohnend, oberh. Schüttorf begradigt und nur bei hohem Wst. befahrbar
Schottenwehr, offen, ≈, Schwall !!
Drievorden
Vechte
Neerlage
Vechte, Schüttorf
ca. 1m breite Betonebene neben der Fischtreppe
NW
HW
25m
Schottenwehr, meist offen, ≈, Schwall !!
(50m oberhalb bei NW kl. Stufe ≈)
AS 26 Emsbüren
AS Schüttorf
AS 3 Nordhorn/ Bad Bentheim
Quendorf
AK27/5 Kreuz Schüttorf
kl. Sohlstufe unter ⌶ (nur bei NW)
Rammelbecke
Schüttorf
AS 28 Schüttorf-Ost
Samerrottbecke
Bad Bentheim
Gildehaus
Suddendorf li. ⏜
Samern
Samerrott
Sohlstufe (0,5m) mit erheblichem Rücklauf !!, bei HW !!! besser ⏜
Koppelbecke
2x Sohlstufe mit Wellenbrechern, !!!, nur f. Geübte mit Kurzbooten ≈ ??, ⏜ leicht
nach 75m: Sohlstufe ≈
2x offenes Wehrschott mit Rücklauf !!, ≈
Hubertushof
4m
5m
10m
5m
11m
2x Wehrschott -wenn hoch genug gezogen, frei ≈
Sohlrampe ≈ (evtl.??)
2-3m
Sohlstufe ≈
Eileringsbecke
Niedersachsen
Nordrhein-Westfalen
Sohlstufe bei Pegel >110 ≈
Pegel
Ohne
2x verfallenes Wehr mit Vorsicht ≈
9m
1-2 km/h
Klein Haddorf
Vechte, Samern
25m
Schrägwehr mit Höckern im unteren Abfall, !! unbedingt ??, besser ⏜
Vechte
Steinfurt
AS29 Ochtrup-Nord
0,4 Rohrbrücke
1,5-2m
Brechte
Bilk
7°07'
7°18'
52° 25'
52° 15'
© 2005-2013 Jübermann-Verlag

kräftige Schnelle !
Große Aa ganzjährig für K2 befahrbar, völlig begradigt, gute Strömung
Im Frühjahr offen sonst ⤫, re.
Schleuse Hesselte W 79 ☎05906-16 10 -So. 6-22°° Westseite=100m, Ost=220m
kl.Sohlschwelle
Sohlstufe evtl. starker Rücklauf ! besser
Überfallwehr unter, immer ⤫ !!!, re.
3 Sohlrampen
evtl.Balkensperre
3 Schottenwehre ⤫, re/li. (im Winter evtl.hochgezogen, dann mit Vorsicht ,??)
Speller Aa: weitgehend begradigt, für K2 bei gutem Wst. befahrbar, evtl. auch im Sommer bei geschlossenen Wehren
2 Klappenwehre ⤫, (im Winter abgesenkt,)
Speller Aa km 12,5 ô Hopstener Aa km 0 und Ibbenb.Aa km 0
Wehr meist offen, aber Schott in 0,3 ggf.
Doppelstufe ??,
4 Sohlgleiten
Sohlabsturz 1,0m!! bei HW !!!,
Skizze auf Karte 80
Schleuse Venhaus: UKW 81, ☎06977-356 Mo-So.6-22°°
West 130m
Ems-YC Rheine TA2-31-8
Listrup
Schleuse SB
Ems
Ems-YCRheine
evtl. ab Schild treideln
Sohlleite (bei HW weg)
Schleuse Altenrheine: UKW 82, ☎05972-71518 Mo-So.6-22°°
(Süd=150m Nord=300m)
TA2-31-7 SV Salzbergen
TA2-31-6 MBC Salzbergen
Campingplatz an der Ems
TA2-31-5
Salzbergen
Schl.SB
bei NW !!
Schloss Bentlage
mögliche Tauchtiefen der Ems: oberhalb km 57,5: Pegel Rheine abzgl. 140 cm unterhalb km 57,7: Pegel Rheine abzgl. 90 cm Pegel-☎ Rheine: 0 59 71- 98 17 49
700 m
Schl. SB
RHEINE
Hermann Rosenstengel-Jugendherberge Rheine Tel.: 05971-2407
RC Rheine TA2-31-4
Bedarfswehr,meist
Bevergerner Aa
kl.Schnelle
Mühle ⤫!!,li. (etwas mühsam)
TA2-31-3 KC Rheine
TA2-31-2 WSV Rheine
TA2-31-1 PC Emsstern Rheine
Klappen-Wehre wenn herabgelassen sonst ⤫ Sog,
Große Aa
Ems
Speller Aa
Giegel-Aa
Hopstener Aa
Ibbenbührener Aa
Dortmund-Ems-Kanal
Lünne
Plantlünne
Beesten
Wesel
Hesselte
Helschen
Leschede
Emsbüren
Listrup
Moorlage
Heitel
Varenrode
Spelle
Venhaus
Dreierwalde
Bexten
Feldhook
Holsten
Achteresch
Hummeldorf
Bentlage
Altenrheine
Wadelheim
Landersum
Dorenkamp
Dutum
Gellendorf
Darbrook
Sutrum
Catenhorn
Rodde
Heine
33
30
64
© 2005-2013 Jübermann-Verlag

© 2005-2013 Jübermann-Verlag

TA2-33
Osterbrock
Geeste
Dalum
Dalumer
Rull
Dalumer Moor
AS 23 Geeste
Dalumer Moorbeeke
Dalum Feld
Großer Sand
✕ "Zur Fähre", für anmelden: ☎ 05937-8259
Holte
Brookhof
Biener Bach
Biener Busch
Speicherbecken
Biener See
Biene
Geester Stürzbach
Teglinger Bach
Dortmund-Ems-K.
Holthausen
Wachendorf
Raffinerie
Öltanklager
Ochsenbruch
Mühlengraben
Altenlingen
TA2-33-6 KC Lingen
Sohlstufe, bei NW ansehen
Sohlstufe, bei NW ansehen, evtl. treideln
Rheitlage
Lingener RG TA2-33-8
ESV Lingen TA2-33-7
LINGEN
Laxten
Nordlohne
Lohnerbruch
Richtergraben
Stiftsbach
Mühlenberg
TA2-33-5 Campingplatz Emswiesen
Schepsdorf
Lohne
Darme
Rükel
Wellberg
Lohner Bach
AS 25 Lingen
bei NW für R evtl. hier bei Kanal-km 141,6 zur Ems
Ems-YC Lingen TA2-33-4
YC Lingen (Ems) TA2-33-3
2 Sicherheitstore (ehem.)
Ems-YC Rheine TA2-33-2
Rottum
Estringen
Herzford
TA2-33-1 Familiencampingplatz Am Wasserfall
YC Lingen
Hanekenfähr
Schleuse Gleesen ☎0591-610668 15 UKW78, Mo-So.6-22°°
Süd = 340m, Nord nur 230m aber steileres Ufer
Ems-Vechte-Kanal
fast immer offen (sonst li.)
Flugplatz
Bramsche
Große Aa
YC Lingen
Elbergen
Ems
Gleesen
Dortmund-Ems-Kanal
Kanalgraben
Schleuse Hesselte UKW 79 ☎05906-16 10 Mo-So. 6-22°°
Westseite=100m, Ost=220m
Bernte
Hausheide
1 HANEKENFÄHR
TA2-33-5
Café
Dortmund-Ems-Kan.
Ems
Ems-Vechte-Kanal
Ems-Vechte-Kanal + Stadtgebiet Nordhorn: Für Y. vom 1.5. bis 31.10. von 8-20°° Uhr, keine Verkehrssicherung (Unterwasserhindernisse insbes. im Stadtgebiet Nordhorn) Höchstgeschwindigkeit 6 km/h, Ankerverbot, Überholverbot (für Y untereinander), nur an ausgewiesenen Stellen, Tauchtiefe ca. 1-1,20m Brückenhöhen in Nordhorn z.T. ca. 1,40m, siehe auch: www.nlwkn.de
© 2005-2013 Jübermann-Verlag

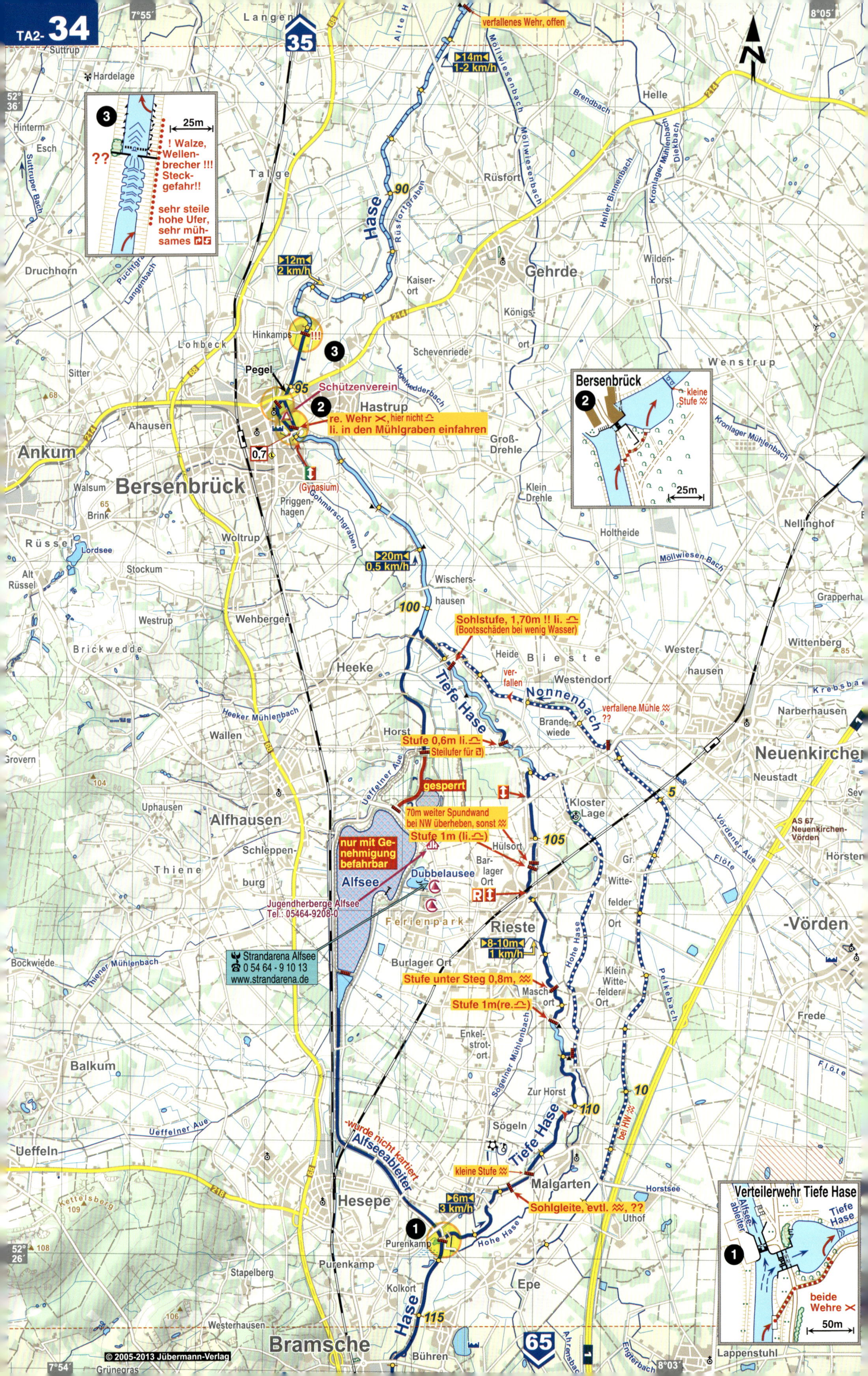

© 2005-2013 Jübermann-Verlag

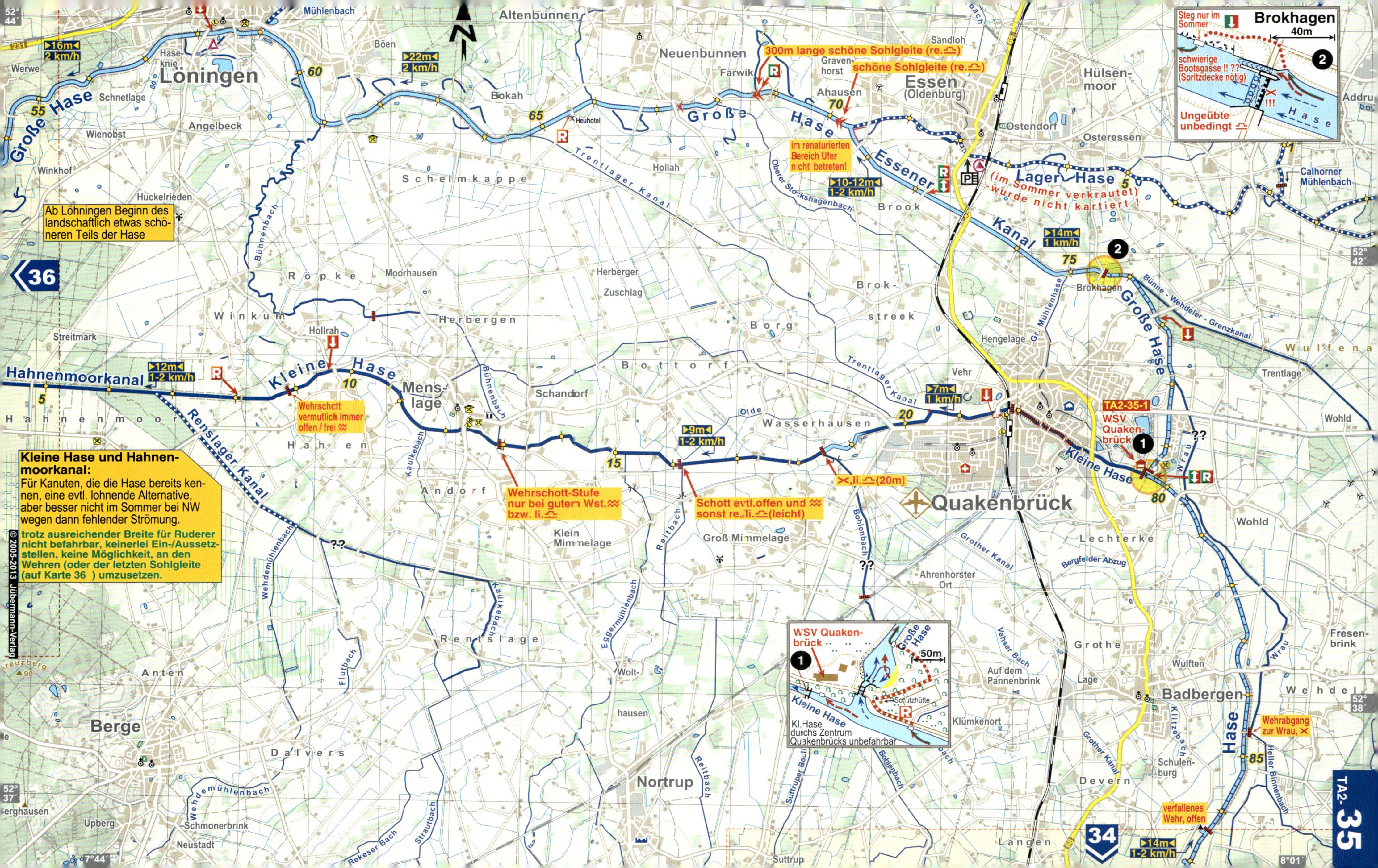

© 2005-2013 Jübermann-Verlag

© 2005-2013 Jübermann-Verlag

© 2005-2013 Jübermann-Verlag

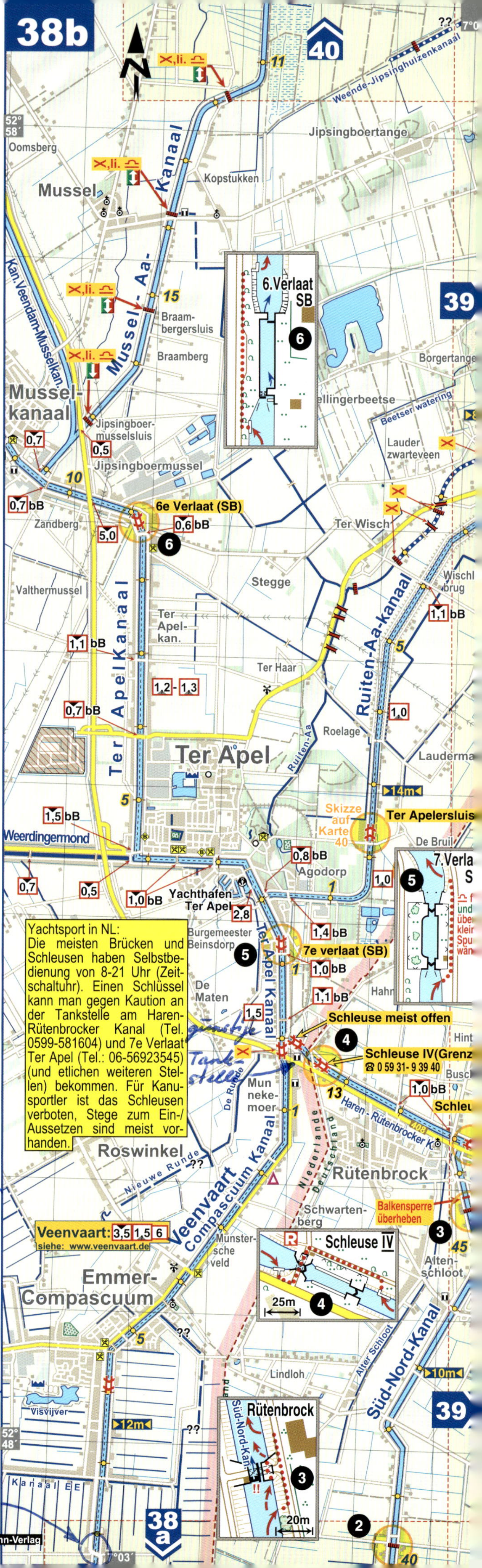

© 2005-2013 Jübermann-Verlag

Jipsinghuizen
Skizze auf Karte 40
Jipsinghuizersluis
Neudersum
Dersumer Schloot
Heeder See
Soring
Hunfelde
Neuheede
Skizze auf Karte 41
Küstenkanal
Lammerweg
Over de Dijk
Rijsdam
kleiner Stau mit Steg evtl. Treideln möglich
Leemdobben
Sellingen
Ruiten Aa
Sellingersluis
evtl. (einfach)
Bourtangersluis
Wollinghuizersl.
Jipsinghuizersl.
Sellingersluis
Zuidveldsluis
Ter Apelersluis
(alle Schleusen mit identischem Aufbau und SB)
25m
Niederlande
Deutschland
Dersum
Wehrtannen
Ems
Dörpen
Schleuse Bollingerfähr:
UKW 78, 04963/ 16 38
Mo-Sa.6-22°°,So.6-14°°
Wittefehn
Walchumer Schloot
Nordfeld
Ossenweg
Walchum
Ahlen
Kluse
Beckhusen
Ahlener Sielgraben
Ruiten - Aa - Kanal
Laude
Zuidveld
Zuidveldsluis
Hasselbrock
Wessingtange
TA2-39-5 Marinapark Emstal
TA2-39-4 Naturcampingplatz Sievering
Südfeld
Steinbild
Sustrum
TA2-39-3 Campingplatz Emstal
Husen
Krall
Husener Beeke
Lathen
Fresenburger Altarm
Steinböschung
100m
Strecke über Wehrarm Düthe =2,6km länger als Kanal-km. Strecke mit Fresenburger Altarm + Wehrarm Düthe =4,8km känger als Kanal-km (nur f. K)
Wehrarm Düthe
Fresenburger Graben
Düthe
Neusustrum
Schleuse Düthe:
UKW 79, 05933/510
Mo-Sa.6-22°°,So.9-14°°
Melstrup
Fresenburg
Erdhütte
60m
1-2km/h
private-Dauercampersiedlung
Hilter
AS 18 Lathen
Niederlanger Feld
Altenteilsgraben
Groß Horst
Burgwiesenschloot
Altenohre
Oberlanger Schloot
Niederlangen
Kapellenmoorgraben
Latherfähre
Sand
TA2-39-2 Camping Emsbrücke
Niodorlangen
Schleuse III
durch uferseitigen Wechsel der Stege 1x sehr mühsames
Haren-R.-Kan. Schl. II
Altwasser-Überlauf Wilholte
50m weiter Altwasser, zunächst nur geringe Wassertiefe
für R ungeeignet: Steinböschungen
WSC Lathen TA2-39-1
Kathen
Oberlangen
Wilholte
Frackel
Schleuse III (Rütenbrock)
0 59 31- 9 39 40
Meesenmeerschloot
ca.-200m flach
-mögl.??
Haren - Rütenbrocker Kanal
Erika
Beel
Hilter (Ems)
Hilterberg
Steinberggraben
Kibbelmoorschloot
Landegge
Ostseite 300m (keine Stege)
Schleuse II (Haren-Erika)
0 59 31- 9 39 40
Tenge
Altenberg
0,5 km/h
Schleuse Hilter:
UKW 81, 05933/ 1684
Mo-Sa.6-22°°, Sa.9-14°°
Strecke über Wehrarm Hilter = 1,3km länger als Kanal-km, Strecke einschließl. Altarm Winholte=2,6 km länger als Kanal-km (nur für K)
Husberg
Landegger Schloot
AS 19 Haren (Ems)
Harenerberg
Emen
Betriebszeit Haren-R.-Kanal:
Mo.-Fr. 8-12°° und 13-17°° Uhr
Samstag Konvoifahrt 9°°Uhr ab Schl. 1 in Haren Richtung NL, 11°°Uhr ab Grenzschleuse in Richtung Haren,
Sonn- und Feiertags kein Betrieb, ebenso 1.10.-31.3. kein Betrieb (evtl. 1 Woche vorher anmelden)
Mersbach
nur bei HW
Bockholt
Mühlenberg
Dankern
Dankernsee
Haren
Tankschiff
05932-73470
Hafen Haren
Raken
Yachtcenter
Blaue Donau
Tinnen
Hebel
Neppenkamp
Altharen
Kellerberg
Langenberg
Bahnhof Haren
© 2005-2013 Jübermann-Verlag

TA2-40
44
41
38 b
39
Winschoterdiep
Winschoten
Oostereinde
0,6 bB
Beertster plas
Rensel
A7
Pekel-Aa
Lange- of Hekmansdiep
1,2
18m
33m
2,5
2,0
Oudeschans
Bulsterverlaat
Op Bult
Klappbrücke SB 8-21 Uhr
1,0 bB
Ulsda
Klein-Ulsda
Westerwoldse Aa
45m
Booneschans
1,8 bB
B.L. Tijdenskanaal
25m
Den Ham
Kloster
Wymeer
Hessentief
Oberlandtief
Fehnlandtief
Heeren-Landtief
Düne-broek
Heeren-land
1,8 bB
Brualer Schloot
1,7 bB
Brualer Moor
Bulsterverlaat SB
Winschoterdiep
Westerwoldse Aa
100m
Groenesluis SB
Veendiep
steht zeitweise offen
v.of BL Tijdenskanaal
Blijham
22m
2,0
2,5
2,6
15m
10-12m
Bellingwolde
Bronsveen
Morige
1,0
Hafen Veendiep
WC
1,0
0597-56 17 17
2,4
2,3
2,4
Westerwoldse Aa
Wedderveer
Wedderbergen
Recreatiehaven Wedderveer
TA2-40-4
Veendiep
Groenesluis
(zeitweise offen)
Rhederbrug
1,7 bB
Nederlande
Deutschland
Vriescheloostersluis SB
30m
18-20m
Wedde
Wedderheide
Vriescheloo
Loosterveen
2,3
25m
Hoornderveen
12m
Vereenigd of BL Tijdenskanaal
kl.Betonschwelle
Vriescheloostersluis
0,8 bB
Rhederveld
Vlagtweddersluis SB
Camping „De T-Tuin"
50m
AS 16 Rhede
Rhede
Holte
Stege im Winter evtl. offen
Bangmaker
Veelerdiep
Mussel-Aakanaal
2,5
km 15,4 ô km 0
Veelerveen
Kuilen
1,2 bB
Noordelijke Hoodwijk
Verbindingskanaal
Hebrecht
Zuidelijke Hoodwijk
Neu-england
Bourtangersluis
Wollinghuizersl.
Jipsinghuizersl.
Sellingersluis
Zuidveldsluis
Ter Apelersluis
25m
(alle Schleusen mit identischem Aufbau und SB)
Onstwedde
Mussel-Aa
im Sommer Verkrautung
5m
1km/h
einfach
Veele
TA2-40-3
Yachthaven-Parc Emslandermeer
De Barlage
Sterenborg
1,0
3,0
1,4
Oude Gracht
Poldert
Vlagtwedde
Smeerling
TA2-40-2
Camping „De T-Tuin"
Vlagtweddersluis
Weite
Ellersinghuizen
Barlage
Ruiten-Aakanaal
TA2-40-1
Yachthafen und Campingplatz Bourtange
Stakenborg
10m
Vlagtwedder-Veldhuis
Renneborg
Bourtangersluis
Bourtange-kanaal
1,0
6
Bourtange
1,0
Wollingboermarke
Neu-heede
Ruiten Aa
Wollinghuizen
Harpel
Harpelsluis
Vosseberg
Bleks-lage
0,3
Pallert
Wollinghuizersluis
Hoge Brug
Moddermannsdiep
Weende-Jipsinghuizenkanaal
1,0
Jipsinghuizen
Jipsinghuizersluis
Neuheede
Neudersum
31
53° 09'
52° 59'
7°03'
7°04'
7°14'
7°15'
© 2005-2013 Jübermann-Verlag

© 2005-2013 Jübermann-Verlag

© 2005-2013 Jübermann-Verlag

TA2-43
47
42
62
Barßel
Elisabethfehn Nord
Elisabethfehn West
Elisabethfehn Ost
Elisabethfehn Süd
Sportboothafen Barßel TA2-43-4
Barßeler RV TA2-43-3
Paddel-u.Pedal Barßel TA2-43-5
WSC"Neptun"Barßel ☎044 99-468
Campingplatz Elisabethfehn TA2-43-2
Nordloher Tief
Godensholter Tief
Godensholt
Rothenmethen
Loher Graben
Soeste
Lohe
Steg
8-10m
+2 km/h // -1km/h
Loher Westmark
Sagter Ems
Bollingen
Utende
Strücklingen
Bollinger Kanal
Bollingerkamp
THW=+3:55h TNW=+4:50h Bezug: Schl.Emden
THW=+4:10h TNW=+5:25h Bezug: Schl.Emden
Schleuse Osterhausen
zum Campingplatz 250m
Fischerkrug
20m
Brandreeken
Nordost-Seite 60m (leicht)
Elisabethfehnkanal: 3,9 1,0 7
Reekenfeld
Harkebrügge
Witten-berge
Lohorst
Gezeiteneinfluss
ca. ab hier Gezeiteneinfluss
Ramsloh
Hollenermoor
im Sommer Verkrautung
Hollen
Elisabethfehn
Bollinger Kanal nur auf 500m
Moor- und Fehnmuseum
40m
Siemer-Yachtservice
Bootsclub Kamperfehn TA2-43-7
Kamperfehn
Küstenkanal
Kampe
Ikenbrügg
Lahe
Scharrelerdamm
Saterland
Scharrel
Wohnmobilplatz (kein Δ)
10m 2 km/h
7-9m 2 km/h
Elisabethfehnkanal: 3,9 1,0 7
Durchgangsschleusung beginnt bei km 2,7 bzw. Schl. Osterhausen:
15.5.-15.9. Mo,Di,Do,Fr. 7:30/12:00
Mi. Ruhe, Wochenende nur 8:00
1.-14.5. und 16.-30.9. nur nach Anmeldung: Tel. 04405-929010
Winter nur Werktags mit Anmeldung
(für Kanuten und Ruderer an den ist einfach)
Die Lahe ist für K befahrbar (wurde nicht erkundet)
Soestedüker
50m
Das ist für Ruderer hier äußerst schwierig
hier keine PKW-Zufahrt
Obere Soeste
Bätholt
Fermesand
Kolonie
Schwaneburgermoor
Sedelsberg
Schwaneburg
4-5m 3 km/h
Friesoyther Kanal
Schillburg
im Sommer verkrautet Anlanden z.T.schwierig
Hüllen
Küstenkanal: 4,5 2,5 12
Sohlgleite, steinig! bei NW treideln
4m 2 km/h
Friesoythe
Sicherheitstor
flach
Ohe
Steinschüttungen
Marka
Neuscharrel
4m 1 km/h
7m
Düker Sagter Ems
Faltboote !! Steinböschungen
Heetberg
Wehr, li. und ca. 600m bis hinter das 2. Wehr dort auch in Soeste+Kanal
Meescher
je nach Schotthöhe evtl.
Rittveengraben
Ohre und Marka sind für K befahrbar (-wurden nicht kartiert)
Hilkenbrook
Fanggraben
Gehlenberg
Ellerbrook
Pehmertange
© 2005-2013 Jübermann-Verlag

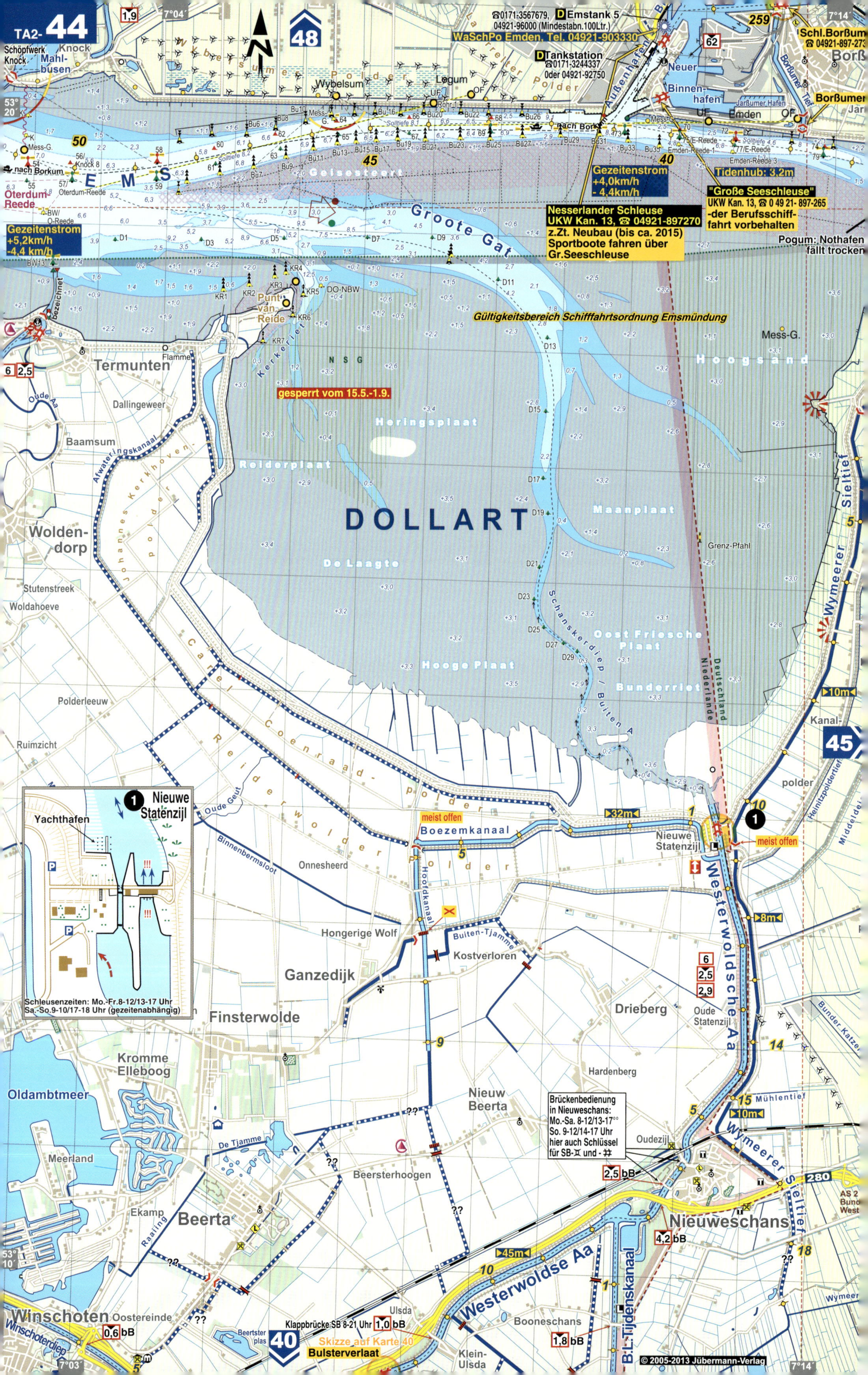

© 2005-2013 Jübermann-Verlag

© 2005-2013 Jübermann-Verlag

TA2-46
ganzj. gesperrt
Nacht
0,7
0,9
Neuefehnkanal
12m
50
Bagband
⌂-möglichkeit
2x 100m
oder 1x 600m
Ayenwolde
Hatshausen
Boekzeteler Meer
Königshoek
Büschersfehn
R (CVJM)
Warsingsfehnkanal West
Boekzeteler Kloster
Neukamperfehn
Striekelkamperfehn
In den Leeken
Bietze
Weseler
Hörn
Süder-moor
Neuemoor
Beningafehn
Sauteler Kanal
25m
Sauteler Kanal: ganzjährig befahrbar, aber sehr langweilig, hohe Böschungen
Warsingsfehn
AS 7 Neermoor
Neermoor
47
Schwerinsdorf
Hesel
AS 8 Veenhusen
Kolonie
Veenhusen
Kleinhesel
Holtlander Ehetief: Nur im Frühjahr befahrbares Entwässerungstief recht langweilig (wurde nur von Land aus erkundet). Unterlauf wohl immer befahrbar aber nur schwer zugänglich.
Siebestock
Holtlander
Nücke
Holtland
45
Warsingsfehnkanal
Nuttermoorer Sieltief
Meerhausen
Siebenbergen
AB Dreieck 9/1 Leer
Hasselter Vorwerk
AS 10 Leer Nord
Brinkum
AS 2 Leer - Ost
Heimschloot
Eisinghausen
Stallbrock feld
Logaerfeld
Brunn
Plaggenburg
Holtlander Ehetief
Busboomsfehn
Heisfelde
Paddel & Pedal Zentrale
☎ 04 91-91 96 96 30
www.paddel-und-pedal.de
Pillkamp
Nortmoor
12m
AS 3 Filsum
Logabirum
Lehmgaste
Filsum
LEER
Paddel u.Pedal Leer-Loga
WSV Wiltshausen TA2-46-2
Loga
Riementappent
Ruschwehrenschloot
Sachschloot
Feldmühle
Ammersum
RC Leer TA2-45-3
R (15.4.-15.10)
8
(15.4.-15.10)
Jümme
45m
R (15.4.-15:10)
40m
Paddel u:Pedal Stickhausen
TA2-46-5
TA2-46-4 WSC Jümme-Detern
TA2-46-1 WSC Loga
100m
Nettelburg
WSC Rhauderfehn TA2-46-3
0,8 2x
Nordgeorgsfehnkanal
Handelshafen
Industriehafen
Sturmflut-Sperrwerk
Leda
Tidenhub:2,70m
Neuburg
Jümme, Aper Tief 1,4 7 -gegen Strom 10 mit Strom
Stickhausen
untere Leda-km 9,1
=obere Leda-km 15,9
Amdorf
Pieper Sieltief
Velde
Heerenborg
D Tankschiff
☎0491-9278720
oder -9278721
Tjackleger
Backemoorer Tief
25m
Wolde
bB 14 Achtung, zeitw. heftige Tideströmung!
30m
Seeschleuse Leer
UKW 13, ☎ 0491-927 70 41
TA2-46-6 Campingplatz Jümmesee
Bootsclub TA2-46-7 Jümmesee
feste ⌑, Höhe bei TNW 2,7
Breinermoor
18m
☎ 04957 / 8203
bB 1,0
(15.4.-15.10)
47
Moorhusen
Leda
Backemoor
10m
Potshausen
Tidenhub: 1.3m
Hauptfehnkanal
Die Steganlagen der Kanuvermieter "Paddel & Pedal" sind für Kanuten (und Ruderer) angelegt. Motorboote nur für Notfälle, "Handbetrieb" hat absolut Vorrang!! Im Tidebereich werden die Stege im Winter (16. Oktober - 14. April) herausgenommen. In der Karte sind sie mit R und/oder (15.4.-15.10.) gekennzeichnet
16m
bB
Ubbehausen
THW=+2:5
TNW=+4:0
Bezug: Schl.Emden
Folmhusen
Holte
Ihrhove
Klinge
Rennschloot
Holter Sieltief
Rhaude
42
Holterfehn
0,5 bB.
Unlande
Ihren
Collinghorst
© 2005-2013 Jübermann-Verlag

© 2005-2013 Jübermann-Verlag

Leyhörn
Mittelplate
Nationalpark Zone 1
Leyhörner Sieltief
Störtebekerkanal
Leybuchtpolder
54
nur Transit erlaubt, kein hin-und zurück
Greetsiel
auch hier möglich
Yachtclub Greetsiel TA2-48-4
Hauen
Neu Hauen
Alter Leuchtturm Pilsum
Sommerpolder
Pilsumer Tief
Neues Greetsieler Sieltief
Appingen
Middelstewehr
Pilsum
Neu Etum
Hösingwehr
Eilsum
Visquard
Grimmersum
Wirdum
WSV Baalk
WSV Grimmersum
Altes Greetsieler Sieltief
Manslagt
Manslagter Tief
Dykhusen
Jennelt
Uttumer Tief
Uttum
Greetsiel
YC Greetsiel
Am neuen Deich
bei Sielbetrieb Befahren verboten
Hohe Str.
Schatthauser Weg
Mühlenstr.
Am Zingel
Schulweg
Okko-tom-Brook-Str.
Windmühlen
Grimmersumer Altendeich
Wirdumer Altendeich
Kesselschleuse Emden
SV Neptun
Stadtgraben
Emder RV
Ems-Jade-K.
Freibad
30m
Schleusen-☎: 04921-24239
0170-8512375
zur Jugendherberge 30m
Groothusen
Hamswehrum
Canhusen
Cirkwehrum
WT Loppersum
Loppersum
Pewsum
Canum
Neues Greetsieler Sieltief
Upleward
Groothusener Tief
Hamswehrumer Tief
Pewsumer Tief
Canumer Tief
flach
TA2-48-3
WSV Fresena Hinte
Knockster Tief
Freepsum
Groß Midlum
Westerhusen
Suurhusen
Woltzeten
Freepsumer Tief
Hinte
Hinter Tief
49
Campen
verkrautet
Campener Tief
Coldewehr
Loquard
Harsweg
Kesselschleuse Emden
☎ 04921-24239
Knockster Tief
AS 3 Emden-Nord
Yachthafen Bantenberg
Stadtgraben:
Rysum
Loquarder Tief
AS2 Pewsum
EMDEN
Conrebbersweg
Rote Scheune
Twixlum
Larrelter Tief
Rysumer Tief
Bartshausen
Larrelter Tief
Emder KC
TA2-48-1
SV Neptun
AS1 Emden-West
Emdener RV
TA2-48-2
Verbindungskanal
Fehntjer Verbindungskanal
Wybelsumer Tief
Larrelt
WSV Möhlenhörn
Jugendherberge Emden: Tel. 04921-23797
Str.+Eisenbahn-Öffnung um 6:50/8:55/11:30/13:25/14:10/ 15:30/17:30/18:50/21:30 (Tel.: 04921-950 155)
☎0171-3567679, Emstank 5 04921-96000 (Mindestabn.100Ltr.)
WaSchPo Emden, Tel. 04921-903330
Tankstation ☎0171-3244337 Oder 04921-92750
Wybelsum
Knockster Tief
Wybelsumer Hammrich
Vorwerkschloot
Niederemsischer Deichachtschloot
Campingplatz Knock TA2-48-5
Schöpfwerk Knock
Mahlbusen
Knock
Logum
Wybelsum
Binnenhafen
Außenhafen
Industriehafen
Ems Seitenkanal
Schl.Borßum ☎ 04921-897-273
Borßum
Neuer Binnenhafen
Jarßumer Hafen
Borßumer Siel
Gezeitenstrom +5,2km/h -4,4 km/h
nach Borkum
Ems
Geisesteert
44
Nesserlander Schleuse UKW Kan. 13, ☎ 04921-897270 z.Zt. Neubau
Gezeitenstrom +4,0km/h -4,4km/h
Tidenhub: 3,2m
"Große Seeschleuse" UKW Kan. 13, ☎ 0 49 21- 897-265
© 2005-2013 Jübermann-Verlag

Moorhusen
Münkenboe
Upgant-Schott
WSV Brookmerland
Fehnhusen
Upende
Victorburer Wilde
nur bei HW
Alt Siegelsum
Oldeborg
Abelitz-Moordorf-Kanal
Stufe bei HW
Ost Victorbur
West Victorbur
7-8m
1 km/h
5m
Moormuseum
Abelitz-Moordorf-Kanal
Georgsfeld
Engerhafe
WSV Zweibült-Engerhafe
Uthwerdum
Süd Victorbur
Tummelbusch
Weißes Moor
Walle
Abelitz
16-22m
12m
Moordorf
Georgsheil
7m
Punger-schloot
Abelitz-Moordorf-Kanal
Bahn stillgelegt
Hinter Walle
Sandhorster Ehe
Abelitz
WSV Dree Deep Loppersum
12m
Meedekanal
Theene
Extumer Kiefmoor
Extum
Extumer
Hammrich
Haxtum
9m
Hinter Theene
Theene
Ring kanal
Victorburer marsch
Wiegboldsbur Riede
Wiegboldsbur
Neu
Rahe
Neu-Wiegboldsbur
Barstede
Westerende
Kirchloog
nur bei HW für K1
Westerende Holzloog
Abbingwehr
Bedekaspeler Marsch
Tief
Mudderpott
Paddel &Pedal 18, Gr.Meer
TA2-49-1
Loppersumer Meer
Greetsieler Sieltief
16m
Breike
Gruen Breike
20m
Knockster Tief
Großes
Bedekaspel
Fahne
1,9 b.B.
0170-851 23 79
Marscher
Barstede
Ems-Jade-Kanal
Süd-riede
Die 4 Klappenwehre zum Gr.Meer werden in den Wintermonaten kurzzeitig geschlossen, sonst
Forlitz
WT Loppersum
8-14m
Loppersum
Meer
Groen Breike
1,9 b.B. 0170-851 23 79
Uppenborg
Münkeweg
Bangsteder Verlaat
6m
Blaukirchen
Westerender Ehe
7m
Bangstede
Heikeschloot
Kleines Meer (Hieve)
Untiefen!
Hüpkeschloot
22m
Ridding
von Ridding zum Kanal ~80m (im Ridding steile Böschung)
Plaggefeld
14m
8m
Siersmeerschloot
9m
6m
Ochtelbur
Alte Maar
f. K möglich, aber im Sommer zugewachsen
hier -möglichkeit zur Ehe (ca. 30m)
bB
0170-851 23 78
Marienwehr
Wrantepott
Riepe
Trecktief
Ihlowerfehn
Ihlowerfehnt
für K möglich (90m)
Ems-Jade-Kanal
1,5 bB 0170-851 23 76
4,5 fest
Ridding
Ülkefalle
Uphusen
Uphuser Meer
Freizeit- u WSVUphuser Meer
Uphuser
Schwager
Zugschloot
Leegmoor
15m
TA2-49-2 BSV Ihlow
Moor-häuser
Nacht
Krummes Tief
AS 4 Emden-Wolthusen
1,5 bB
Simonswolde
Anlandeverbot+ Nachtfahrverbot
Neues Tief
Bansmeer
AS 6 Riepe
5 bB 0170-851 23 76
AS 5 Emden-Ost
Sandwater
Kielgatt
Kraut
Waskenmeerer
Stinkende Riede
12m
bB 0,7 SB
Fehntjer Tief
bB 0,7 SB
Sengelsiel-Tief
Fehntjer Tief
Kanaltief
Ems Seitenkanal
Petkumer Sieltief
Petkumer Klappe
20m
Ippenwarf
13m
Fehntjer Tief
Rorichumer Tief
Nacht
Leidsehrbrücke
Ayenwolde
Hilmarsum
Lange Maar
Oldersumer Tief
Tergast
18m
25m
23m
Heuwieke
20m
Warsingsfehn-kanal West
Petkum
Widdelswehr
Sieve
Petkumer Münte
Anlandeverbot
Petkumer WSV
Schleuse Oldersum
UKW 13, 04924-20 22
Gandersum
YCU
Oldersum
Rorichumer Tief
26m
Betriebszeiten Ems-Jade-Kanal:
9.5 - 15.9. (täglich)
Emden-Mariensiel: 8-12:30 / 13:30 -17:30Uhr
11.3. bis 8.5 und 16.9. bis 17.11.2013
(werktags) Emden-Sanderbusch 8-12:30/13:30-16°°
(samstags) Emden-Sanderbusch 8-13°° /
Nachmittags auf Anfrage
Sanderbusch bis Mariensiel:
Nur Montags und Freitags nach Anmeldung:
0 49 56/12 07 oder 01 70/2 29 14 17
18.11. – 9.3.
(werktags) 8-14°° (samstags) 8-11°°
danach; Anmeldung unter 0 49 21-2 42 39
oder 01 70-8 51 23 75 oder 0 170-2 29 14 16
54
48
50
45
© 2005-2013 Jübermann-Verlag

TA2-50
Betriebszeiten Ems-Jade-Kanal:
9.5 - 15.9. (täglich)
Emden-Mariensiel: 8-12:30 / 13:30 -17:30Uhr
11.3. bis 8.5 und 16.9. bis 17.11.2013
(werktags) Emden-Sanderbusch 8-12:30/13:30-16°°
(samstags) Emden-Sanderbusch 8-13°° /
Nachmittags auf Anfrage
Sanderbusch bis Mariensiel:
Nur Montags und Freitags nach Anmeldung:
0 49 56/12 07 oder 01 70/2 29 14 17
18.11. – 9.3.
(werktags) 8-14°° (samstags) 8-11°°
danach; Anmeldung unter 0 49 21-2 42 39
oder 01 70-8 51 23 75 oder 0 170-2 29 14 16
Großefehnkanal 1
Flumm
1,1 bB
50m
Windmühle
Großefehnkanal, Schleuse 2
einfach
25m
Sauteler Kanal
Großefehnkanal, Schl.3
steiles Ufer für
25m
Großefehnkanal, Schl.4
25m
steiles Ufer für
Ems-Jade-Kanal, Wiesens 6
30m
BSV Wiesens
TA2-50-5
Ems-Jade-Kanal Rahe 5
0170-851 23 80
30m
"Kukulorum"
Drehbrücke (PKW 2t)
7
20m
Sauteler Kanal
Tannenhausen
Kolonat
Waller-lange
Acker
Sandhorst
Walle
Sandhorster Ehe
YC-Aurich Kanu-Abt. TA2-50-3
YC Aurich+
KC "De Geusen"+ EMJAK TuS Aurich Ost
(keine Übernachtung mögl.)
AURICH
bB 0160-90 600 560
bB 0170-851 23 81
Extumer Gaste
Extum
0170-851 23 81
2x bB
Haxtum
Jugendherberge Aurich,Tel.: 04941-2827
Westerfeld
ab hier feste Brücken
RV Argo
Rahe
Jade-K.
Ems-
Kirchdorf
Middelburg
Paddel-u.Pedal-Station 15
TA2-50-4
Kirch-dorfer-feld
20m
16m
Ems-Jade-Kan. 3,8 1,7 6 bis 8
30
Popens
Altes Tief
Egels
Wallin
Neu Walling-hausen
Osterfeld
Wiesener
Mooräcker
Wiesens
Ems-Jade-Kanal
18m
35
BSV Wiesens TA2-50-5
bB 0170-851 23 82
Schleuse Wiesens
Holtroperfeld
Krummes Tief
Akelsbarg
Wrissener Hammrich
Brockzettel
Blockhaus
Neu Blockhaus
Kreis-
moor
Hesenbroek
Schirum
Felde
Holtrop
Alte Flumm
Wrisser
Moorlage
Moorlage
Wrisse
Münke-weg
49
51
Schirumer
Leegmoor
Weene
Ludwigsdorf
Ostersander
nur im Frühjahr bei hohem Wst.
Aurich-Oldendorf
Zwischen-mooren
Schirumer Hammrich
Plaggefeld
Westersander
Mini-Staus, je nach Wst./Fahrtrichtung / treideln /
Rietze-feld
Voßkuhlen
Krummes Tief
nur im Frühjahr, später verkrautet
Flumm
30
Großefehnkanal
Reiherschloot
Ihlowerfehnk.
Westersanderfeld
Stauklappe in Flumm, evtl. offen und
Lübberts-fehn
Ost-großefehn
200m !! Str.-Verkehr
7m
Heid-hörn
Spetzer-fehn
alte, ×,
Stau unter, ×,
BSV Ihlow TA2-49-2
Nacht
Hüllenerfehn
Ihlower-hörn
18
Mitte-großefehn
Westgroßefehn
Timmeler-feld
Sauteler Kanal
Ulbargen
alte, ×,
150m
Norderney
Krummes Tief
16m
nördlicher Arm
25
südlicher Arm
Spetzerfehnkanal
Strackholt
Fehntjer Tief
20m
Paddel-u.Pedal Timmel TA2-50-1
Timmel
flach und verkrautet
Anlandeverbot+ Nachtfahrverbot
Ayenwolder Tief
12
kl.Stauschwelle, je nach Wst. unsicht-bar / / treidelbar
Sohlgleite aus groben Blöcken je nach Wst. /treideln/
10
Rorichumer Tief
18m
Campingpl.Timmeler Meer TA2-50-2
Kagentief
15
Timmeler Meer
Bookzeteler Meer
ganzj. gesperrt
Hatshausen
Nacht
Nacht
Neuefehnkanal
12m
Bagbander Tief
Bagband
Ayenwolde
Königshoek
-möglichkeit 2x 100m oder 1x 600m
Bagbander Tief
In den Leeken
Büschersfehn
Bookzeteler Kloster
Bookzetelerfehnkanal
Striekel-kamper-fehn
Bletze
(CVJM)
Warsingsfehn-kanal West
10
Sauteler Kanal
Neu-kamper-fehn
46
Beningafehn
Bäckschloot
Weseler
Hörn
Süder-moor
Neuemoor
© 2005-2013 Jübermann-Verlag

© 2005-2013 Jübermann-Verlag

Seeschleuse Wilhelmsh.
keine ⛵-Möglichkeit
(nur Mitschleusung möglich)
Sportboot-Sonderschleusungen
Meldestelle: ☎ 04421-186 480
Neuer Vorhafen
Nordhafen
WILHELMSHAVEN
gebührenpflichtiges auch K
Schleuse Mariensiel
☎ 0170-851 23 96
zur Maade (35m)
Wilhelmshavener KK TA2-52-3
TA2-52-2 KSV Sande
TA2-52-4 Wilhelmshavener RC
Kanalhfn.
Handelshfn.
Großer Hafen
DLRG
HYC
Germania
Banter See
K.-u.Segel-SV Wilhelmshaven TA2-52-6
Wilhelmshavener Kanu-Freunde TA2-52-5
⛵-Möglichkeit über den Damm zum Banter See
WARNUNG!
Das Wattenmeer ist dauernden Veränderungen unterworfen.
Die Tiefenangaben und Schifffahrtszeichen werden von uns nicht laufend berichtigt.
Die vor Ort vorgefundene Betonnung/Bezeichnung ist zu beachten!
Bordumer Sand
Sander Watt
Dangaster Außentief
Bockhorner Watt
Arngast-sand
Vareler Watt
mittl. Tidenhub ca. 3.80m
Nationalpark Wattenmeer, Zone 1
Leitdamm bei HW überspült
Dangast
und ⛵ bei THW ±1h (Sandstrand)
Dangaster Tief
Schöpfwerk, falls geschlossen re. ⛵ beschwerlich
Ems-Jade-Kan. 4,0 1,7 6 bis 8
Betriebszeiten siehe Karte 51
Ems - Jade - Kanal
TA2-52-1 Paddel u.Pedal-Sande
im Spätsommer verkrautet
Upjeversches Tief
WSV Dykhausen
Dykhausen
Sande
Sander-busch
Mariensiel
Cäcilien-groden
Neustadt-gödens
hier keine ⛵-möglichkeit
bei NW
Schloß Gödens
Friedeburger Tief
Neustädter Tief
Schwimmsteg Imbiss
Ellenserdammer Tief
Ellenserdammersiel
Schiffsbalje
Ölsperre, evtl.
⛵ bei Schild möglich
Emder Tief
Reepsholt
Reepsholter Tief
Horsten
Zetel
Etzel
Marx
Accum
Altengroden
Maadeschleuse /-siel
tideabhängige Schleusung
2-4x tägl. Tel. 04421-643 36
Rüstersieler Segelclub
Segelkameradschaft Geniusbank
WSV Maadesiel
Rüstersiel
Neuengroden
Maade
51
53
57
© 2005-2013 Jübermann-Verlag

52
nur bei THW ±2h
Schleuse Varel: UKW 13
Apr.-Sept: von 2h vor- bis 2h nach THW
Oktober: Voranmeldung: 04451-3600 oder ...-3169
VAREL
Vareler Tief
WSV Varel e.V.
(www.wsv-varel.de)
Schweiburger Watt
Vareler Tief bepricht
Schweiburgersiel
Norder-Schweiburg
Moorhausen
Dangaster Leke
Nordender Leke
Südender Leke
nur bei THW±1h erreichbar
WSV Jade-Wapel e.V.
(18 Liegeplätze, Strom+Wasser am Steg)
Siel, möglich
(Westseite)
aber Jade ab B-Str. gesperrt
Hohenberge
Streek
Jethausen
Wapelersiel
Wapelergroden
Diekmannshausen
Süderschweiburg
Schweierzoll
Schweieraltendeich
Achtermeer
Achterstadt
Augusthausen
22m
Büppel
Hohelucht
Jaderaltensiel
Jaderaußendeich
Rönnelmoor
Neuenwege
Neudorf
Die Wapel ist ein unscheinbarer Wiesenfluss mit 2-5m Breite, im Sommer verkrautet.
Die Jade ist ab Loy für K1 bei gutem Wst befahrbar, urwüchsig, viele Brennnesseln. Unterhalb Pumpwerk (km 12,7) abgeschieden.
Rosenberg
Wapel
Jade
Campingplatz an der Jade TA2-53-1
Nordmentzhausen
Hakenweg
Heubült
AS 10 Jaderberg
Jaderberg
Nordbollenhagen
Dorenebbe
Colmarer Tief
Wapeldorf
Bekhauser Bäke
Jaderkreuzmoor
12m
Rastederberg
Bekhausen
Südbollenhagen
Südmentzhausen
Rüdershausen
Seepark
Hahner Bäke
8m
Geestrandtief
Lehmdermoorgraben
Pumpwerk, re.
(im Sommer Brennnesseln, Kühe!)
Rehbäke
Hahn
Lehmdermoor
Jaderlangstraße
Wolfsstraße
Neue Querzucht
7m
Delfshausen
Salzendeich
Oberströmische Seite
3-5m
Lehmden
AS11 Hahn-Lehmden
Das Geestrandtief bietet zusammen mit der Jade und der Rasteder Bäke im Frühjahr für K eine Rundkursmöglichkeit auf 3 bis 6m breiten Entwässerungstiefs. Bootswagen mitnehmen! Im Sommer durch Verkrautung meist nicht komplett befahrbar,
Rehorner Bäke
Rastederm Moor
Delfshauser Moor
mit Bootswagen ca. 1 km
0,5
Rasteder Bäke
ca. 90m über die Weide zur Str.
Moorseite
Großenmeer
Kaseburger Sieltief
Kleibrok
!! Steine
Schanze
Wiefelstede
Rastede
Hankhauser Bäke
Geestrandtief
Barghorn
Nuttel
AS 12 Rastede
Hülsbäke
Hankhausen
Loyermoor
Bokel
Bokelerburg
Barghorn
Loy
© 2005-2013 Jübermann-Verlag

© 2005-2013 Jübermann-Verlag

TA2-55
Kribbelschloot / Harketief: für Kanu von / bis Neßmersiel befahrbar, einsam Rundkurs zusammen mit Marschtief nur bei hohem Wst., Verkrautung ! Unterhalb Norden breit, Schilfufer, windanfällig aber insges. sehr lohnend
Paddel u.Pedal Station 16
TA2-55-2
TA2-55-1 Campingplatz Ziegelhof
Sieltor wenn zu (selten), li. über Str. (mühsam)
bis hier Sieleinfluss
bei HW evtl. (nicht erkundet)
sollte vom 1.4.-15.7. nicht befahren werden (Vogelrast)
möglich (Stege)
Jugendherberge Esens-Bensersiel Tel.: 04971-3717
im Sommer verkrautet und
im Sommer zugewachsen
2 auffällige Funkmasten
Westerburer Watt
Neßmersiel
Dornumersiel
Westeraccumersiel
Bensersiel
Esens
Dornum
Nesse
Westerholt
Arle
Großheide
Nenndorf
Harketief
Marschtief
Kibbelschloot
Hochbrücker Tief
Dornumersieler Tief
Pumptief
Sielhammer Tief
Hartsgaster Tief
Benser Tief
Hünenschloot
Stuhlleide
Langenfelder Tief
Bettenwarfer Leide
Moortief
Museumsbahn
54
56
© 2005-2013 Jübermann-Verlag

Schleuse Harlesiel: 15.4.-15.10.
Mo.-Do. 8°°-20°° jede gerade Std.
Fr. 8°°-20°° jede volle Stunde
Sa. 8°°-12°°/ 13°°-20°° jede volle h.
So. 7°°-12°°/ 13°°-20°° jede volle h
UKW 17, ☎ 0 44 64- 4 72
Neuharlingersiel
Campingplatz Neuharlingersiel
TA2-56-5
Bakleggde
Neuharlinger-sieler Nacken
Gröninger Plate
Nationalpark Zone 1
Neues Brack
Harlesiel
Friedrichsschleuse
Neu Augustengr
Carolinensiel
Sieltor meist offen
ist kaum möglich
Friedrich - Augusten
Altharlinger Sieltief
Poggenburg
Altharlingersiel
Jugendherberge Carolinensiel 04464/252
sollte vom 1.4.-15.7. nicht befahren werden (Vogelrast)
Bettenwarfer Leide
Fetterstrich
Klein Holum
Groß Holum
DJH-Resort: 04974-914800
sollte vom 1.4.-15.7. nicht befahren werden (Vogelrast)
je nach Stauhöhe evtl. für Ruderer mühsam
Sieltief
Mühlenstrich
Serimer Mühle
Anderwarfen
Nordwerdum
Wallum
Werdum
Polmannsleide
Neufunnixsiel
Harle
Sophiengroden
Neugarmssiel
Groß Charlottengroden
Sophiengroden-deich
Großengarms
Tettenser Tief
hier kein
Altgarmssiel
TA2-56-4
WSV Harle (kein, aber evtl. nebenan bei)
Campingplatz Altfunnixsiel TA2-56-3
Altfunnixsiel
Berdumer
Altendeich
Neuharlinger
Thunum
Insenhausen
Rietleide
Boisenhsn.
Kleineriege
Funnixer-Großeriege
Hamms-hausen
Kleine Häuser
Osteraccum
Grove
Erichswarfen
Endzetel
Funnix
Middoge
Schönhörne
Berdum
Westerhusen
Osterhusen
Stedesdorf
Meyenburger Tief
Müllbarg
Neudorf
Buttforde
Buttforder Leide
Funnixer Alte Leide
Funnix-Berdumer Wasser
Schwarzehörn
Neuwarfen
BSC Burhafe TA2-56-1
Berdumer
Oberdeich
Groß-Warfen
Klein-
Stuhlleide
Falstertief
Oldendf.
Burhafer Leide
Schlepershusen
Algershsn.
Grashausen
Eggelinger Leide
Toquard
Eggelingen
Wiefe
Dunum
Warnsath
Burhafe
Abens
Blersum
Blersumer Leide
Hattersumer Leide
Nenndorf
Toquarder Leide
Benser Tief
Burhafer Feldstrich
Abenser Leide
Warnsather Feldstrich
Menkenfelder Tief
Hattersum
Uttel
Hundshammsleide
Mosewarfen
Hornum
Wittmund
Negenbargen
Angelsburg
Jackstede
Asel
Horst
Dohusen
Updorf
Kreyenburg
Lehmkuhlen
Poggenkrug
Willen
Dykschloot
Mühlentief
Poggenkruger Leide
Im Sommer verkrautet
Campingplatz Isums
TA2-56-1
Nöttens
Nöttenser Leide
Tjüchen
Tjücher Leide
Burmönken
Kälberhamm
Cleverns
Sandeler Tief
Webershausen
Heglitz
Nordertief
Südertief
Uthörner Leide
Uthörn
Mühlentief
Möns
Sandel
Ardorf
Mammhusen
Kloster Amerika
Im Sommer verkrautet
oft zu wenig Wasser
Eisenteile im Wasser !!
Hovel
Kloster
Schnapper Leide
Farlage
Borgholt
Leerhafe
© 2005-2013 Jübermann-Verlag
55
57
51

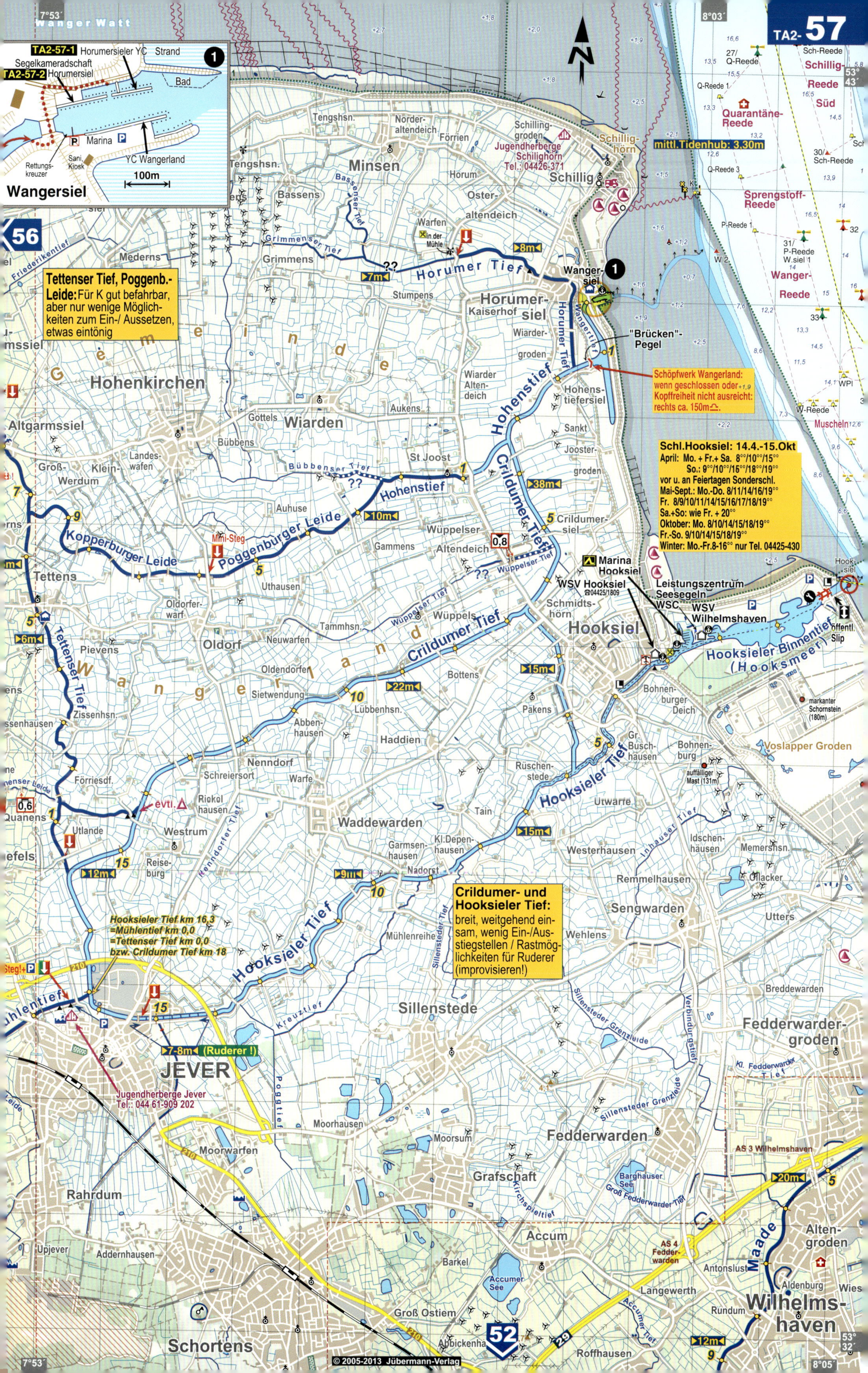

© 2005-2013 Jübermann-Verlag

Coevorden - Piccardie - Kanal
Coevorden - Vecht - Kanaal
Stieltjeskanaal
Dommerskanaal
Dommers kanaal
Kanaal Coevorden - Zwinderen
Coevorden
Emlichheim
Schoonebeek
Nieuw-Schoonebeek
Weiteveen
Barger-Oosterveen
Amsterdamscheveld
Zandpol
De Verslagen
Westerse Bos
Oosterse Bos
Middendorp
Padhuis
Vlieghuis
Weijersvold
Pikveld
Hutten-heugde
Dalen
De Haar
Dalerveen
Ballast
Vossebelt
Steenwijksmoer
Lutterhoofdwijk
Leeuwerikenveld
De Hare
Holthone
De Haandrik
Holtheme
Den Velde
Radewijkerveld
Laar
Wolda
Agterhorn
Laarwald
Esche-brügge
Echteler
Volzel
Heesterkante
Richtervenne
Ringe
Großringe
Wagenholt
Arkel
Hoogstede
Kalle
Alexisdorf
Neu Gnadenfeld
Vechte
Schoonebeeker Diep
Niederlande
Deutschland
Stieltjeskanaalsluis
Coevordensluis (meist offen)
Sluis de Haandrik (meist offen)
Coevorden-P.-Kan. II Ringe
Coevorden-P.-Kan. III Emlichheim
Coevorden-P.-Kan. IV
für R. mühsam
hohes, steiles Ufer
für R. sehr mühsam
Skizze auf Karte 32
Schl. außer Betrieb
(2x Röhren-)
(30m zum Badesee)
Südseite
32
© 2005-2013 Jübermann-Verlag

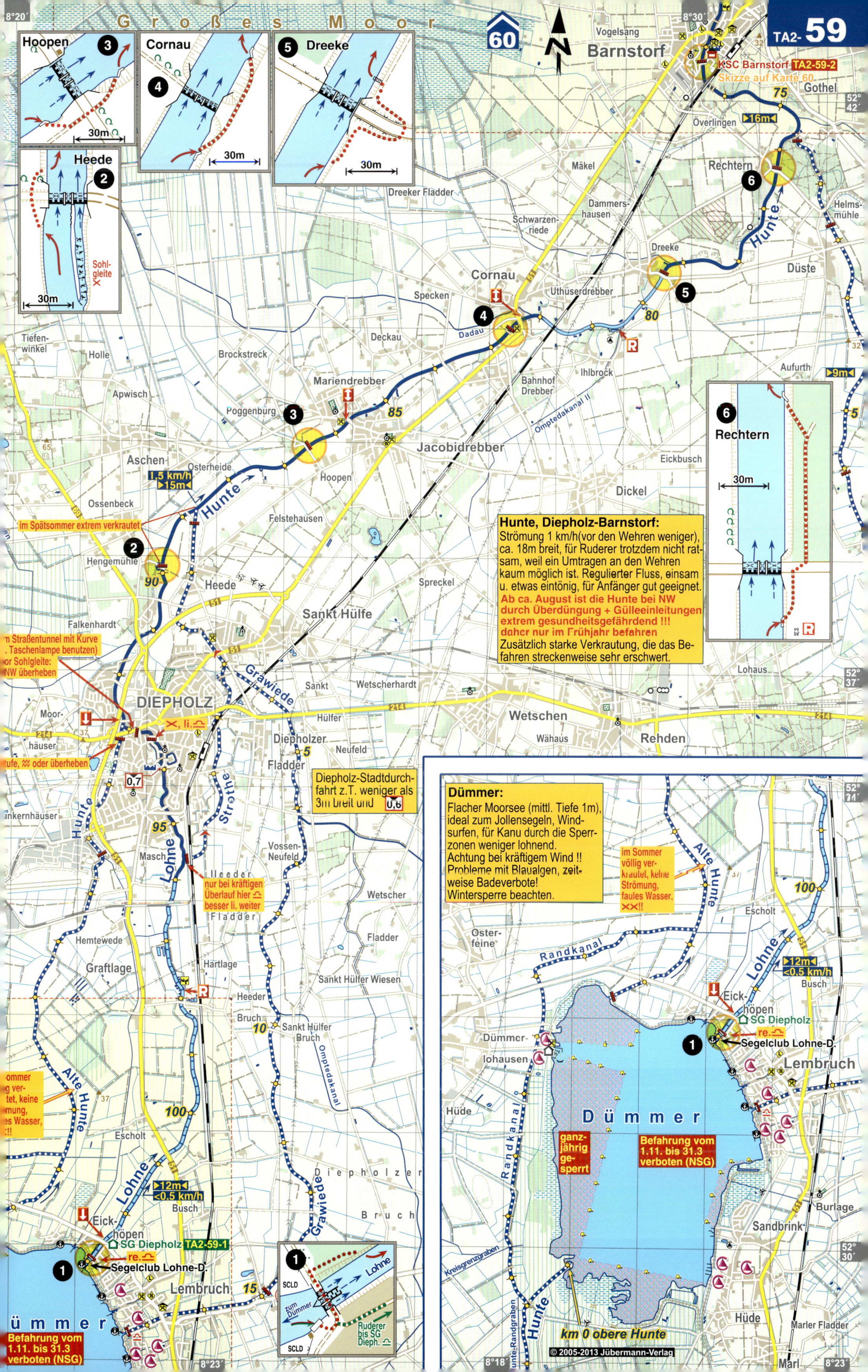
Großes Moor
60
Hoopen 3
30m
Cornau 4
30m
Dreeke 5
30m
Heede 2
Sohlgleite
30m
Barnstorf
KSC Barnstorf TA2-59-2
Skizze auf Karte 60
Gothel
75
Överlingen
16m
Rechtern 6
Mäkel
Dammershausen
Helmsmühle
Schwarzenriede
Dreeke
Düste
Cornau
Uthüserdrebber
Specken
Dreeker Fladder
Dadau
80
Ihlbrock
Aufurth
9m
Deckau
Bahnhof Drebber
Mariendrebber
85
Poggenburg
Jacobidrebber
Ompstedakanal II
6 Rechtern
30m
Eickbusch
Tiefenwinkel
Holle
Brockstreck
Apwisch
Aschen
Osterheide
Hoopen
1,5 km/h
15m
Hunte
Dickel
Ossenbeck
im Spätsommer extrem verkrautet
Felstehausen
Hengemühle
90
Heede
Spreckel
Hunte, Diepholz-Barnstorf:
Strömung 1 km/h(vor den Wehren weniger), ca. 18m breit, für Ruderer trotzdem nicht ratsam, weil ein Umtragen an den Wehren kaum möglich ist. Regulierter Fluss, einsam u. etwas eintönig, für Anfänger gut geeignet.
Ab ca. August ist die Hunte bei NW durch Überdüngung + Gülleeinleitungen extrem gesundheitsgefährdend !!! daher nur im Frühjahr befahren
Zusätzlich starke Verkrautung, die das Befahren streckenweise sehr erschwert.
Falkenhardt
Sankt Hülfe
Grawiede
Lohaus
DIEPHOLZ
Sankt
Wetscherhardt
Wetschen
Rehden
Wähaus
Hülfer
Diepholzer Fladder
Neufeld
Moorhäuser
li.
0,7
Diepholz-Stadtdurchfahrt z.T. weniger als 3m breit und 0,6
Strothe
95
Masch
Lohne
Heeder Fladder
nur bei kräftigen Überlauf hier besser li. weiter
Vossen-Neufeld
Wetscher
Fladder
Hemtewede
Graftlage
Hartlage
Sankt Hülfer Wiesen
Heeder Bruch
10
Sankt Hülfer Bruch
Ompstedakanal
Alte Hunte
100
Escholt
Lohne
12m
<0,5 km/h
Busch
Diepholzer Bruch
Grawiede
Eickhöpen
SG Diepholz TA2-59-1
re.
Segelclub Lohne-D.
1
Lembruch
15
Dümmer
Befahrung vom 1.11. bis 31.3 verboten (NSG)
1
SCLD
zum Dümmer
Lohne
Ruderer bis SG Dieph.
Dümmer:
Flacher Moorsee (mittl. Tiefe 1m), ideal zum Jollensegeln, Windsurfen, für Kanu durch die Sperrzonen weniger lohnend.
Achtung bei kräftigem Wind !!
Probleme mit Blaualgen, zeitweise Badeverbote!
Wintersperre beachten.
im Sommer völlig verkrautet, keine Strömung, faules Wasser, XX!!
Alte Hunte
100
Escholt
Osterfeine
Randkanal
Lohne
12m
<0,5 km/h
Busch
Eickhöpen
SG Diepholz
re.
Segelclub Lohne-D.
1
Dümmerlohausen
Lembruch
Hüde
Dümmer
ganzjährig gesperrt
Befahrung vom 1.11. bis 31.3 verboten (NSG)
Burlage
Sandbrink
Kreisgrenzgraben
Randkanal
Hunte
km 0 obere Hunte
Hüde
Marler Fladder
Marl
© 2005-2013 Jübermann-Verlag

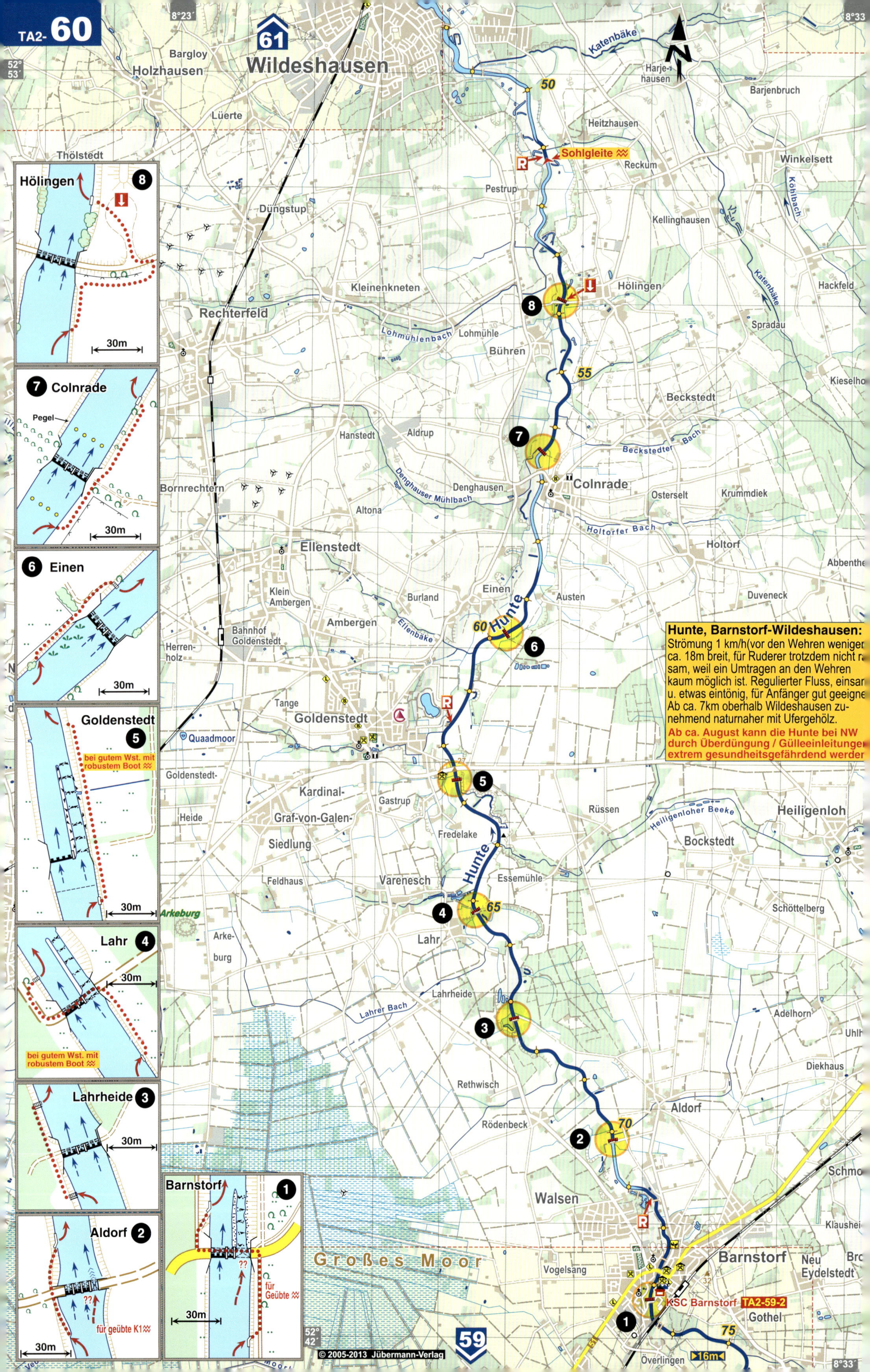

© 2005-2013 Jübermann-Verlag

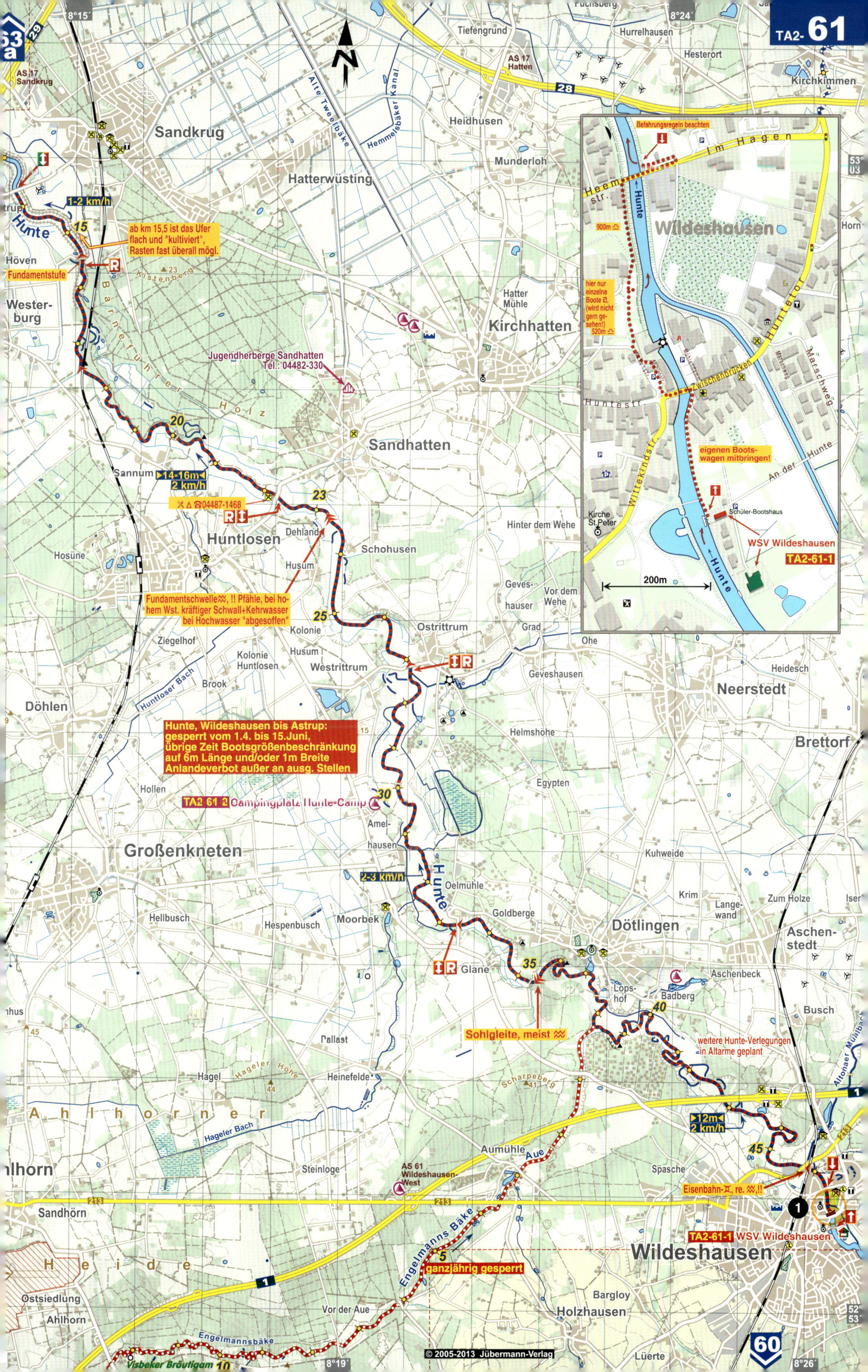

© 2005-2013 Jübermann-Verlag

TA2-62
Westerstede
Hüllstedterdiele
Seggernerfeld
Fikensolt
Seggern
Westerloy
Große Süderbäke
Kleine Norderbäke
Gießelhorst
Klein Garnholt
Lange-
brücke
Am Willbrok
Fikensolterfeld
Kreyenkamp
Gristede
Mansie
Lindern
Südholt
>110
47
Ocholt
Torsholt
Deepen-
furth
Willbroks-
moor
Hohen-
moorweg
Elmendorf
Helle
Heller Bäke
Otterbäke
AS 8 Zwischenahner Meer
28
Dreibergen
Meyerhausen
Auebach
Hösje-
kamp
Halfstede
Halssedter Bäke
Aschhausen
Zwischenahner Meer
vom 16.10.-1.4. gesperrt
sonst mit Genehmigung
+ Gebühr
!! Steine
im Sommer
verkrautet
Howiek
Ollenbäke
Rostrup
DLRG
Zwischenahner Meer
Aschhauserfeld
Howiekerfeld
geradeaus durch
langen Str.-Tunnel
(links toter Altarm)
Zwischen-
ahner YC
Jugendherberge Bad Zwischenahn
Tel.: 04403-2393
Kayhausen
Ollenharde
3m
7,5
Ohr-
weger-
feld
Altenkamp
Bad Zwischenahn
Kayhauserfeld
Karlshof
Ollenbäke:
nur im Frühjahr
bei hohem Wst.
für K1 befahrbar
Ohrweger Moorgraben
Schrägwehr re. Steine!
wenn hier kein Wasser überläuft, ist die gesamte Strecke bis zur Vehnemündung zu flach (5-10cm)
Vor Befahrung hier prüfen:
25
Specken
Rothen-
methen
Dänik-
hölster-
feld
>165
kleine Stufe bei Klärwerk-Ablass
(falls ✕, ist auch gesamte weitere Aue kaum befahrbar)
Speckener Bäke
Eckern
Ekener-
moor
Eschhorn
Witten-
riede
Aue: nur bei Wasserablass aus dem Zwischenahner Meer für K2 befahrbar (auch nach feuchter Wirtterung nicht sicher)
Queren-
stede
4m
Witten-
berge
Fintlandsmoorgraben
Dänikhorst
30
Viehdamm
Bad Zwischenahn
20m
hier nicht einfahren
Wenn an diesem Wehr kein Wasser überläuft, ist eine Weiterfahrt hinter dem nächsten Wehr kaum möglich
Gezeiteneinfluss
Oellien Tannen
Frerichs
Placken
Portsloge
Holtmoor
Harkenbrügger
Mark
20
Wester-
scheps
Heinje
Tannen
Hemeler
Loogenstreek
Edewecht
Janstrat
Holttange
5m
Osterende
Osterscheps
(Zwischenahner Meer-) Aue
Evenkamp
Jeddeloh I
Rudenbrook
Bauern-
hörne
25
0,5 Rohr
Heinfelde
7-8m
1 km/h
Deyekamp
>2,40
5
Tütjenbarg
breit und flach, im Spätsommer oft verkrautet
Vehne
1
Russeldorf
1 km/h
3m
Die Vehne ist nur bei gutem Wst für K2 befahrbar, im Sommer zugewachsen
43
63 a
>4,76
Ahrensdorf
Barkendorp
Süddorf
Am Küstenkanal
25
10
Klär-
schlamm-
deponie
Krautrechen ✕, überheben
Husbäke
Küstenkanal
15
Hagenset
Jeddeloh II
Lahe
5
20
Vehnemoor
Küstenkanal: 4,5 2,5 12
aus Kanal in untere Vehne mühsam
(stark bewachsenes Kanalufer + Bundesstraße, -100km/h++!!!)
Edewechter-
damm
Harbern II
Prinzen-
damm
Lahe Ableiter
Hohen-
damm
Over-
lahe
Die Lahe ist für K befahrbar (wurde nicht erkundet)
Westlicher Vorfluter
Vehne
Ostland
Lahe
10
7°54'
8°04'
53° 14'
53° 04'
7°52'
© 2005-2013 Jübermann-Verlag

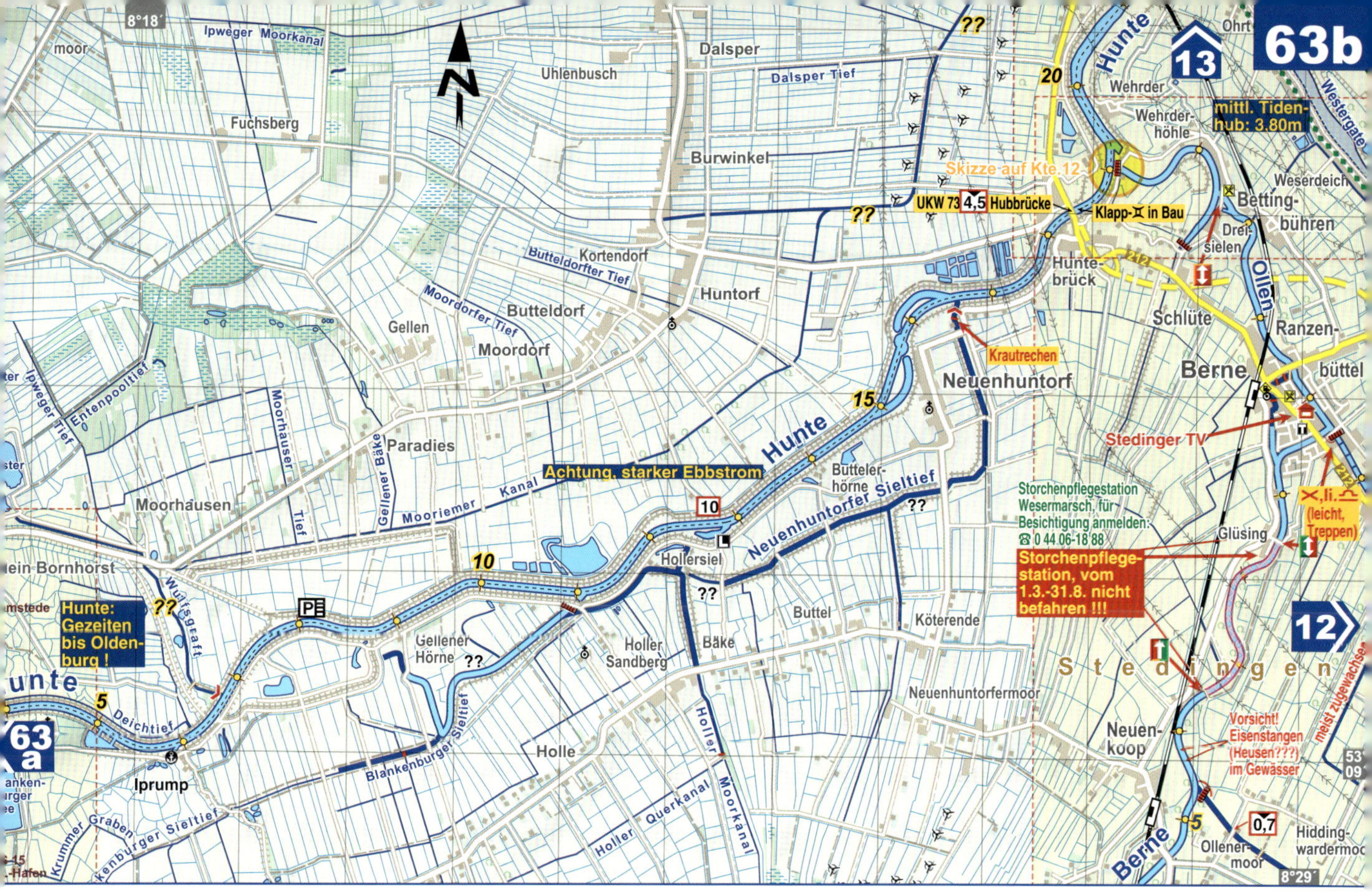

© 2005-2013 Jübermann-Verlag

© 2005-2013 Jübermann-Verlag

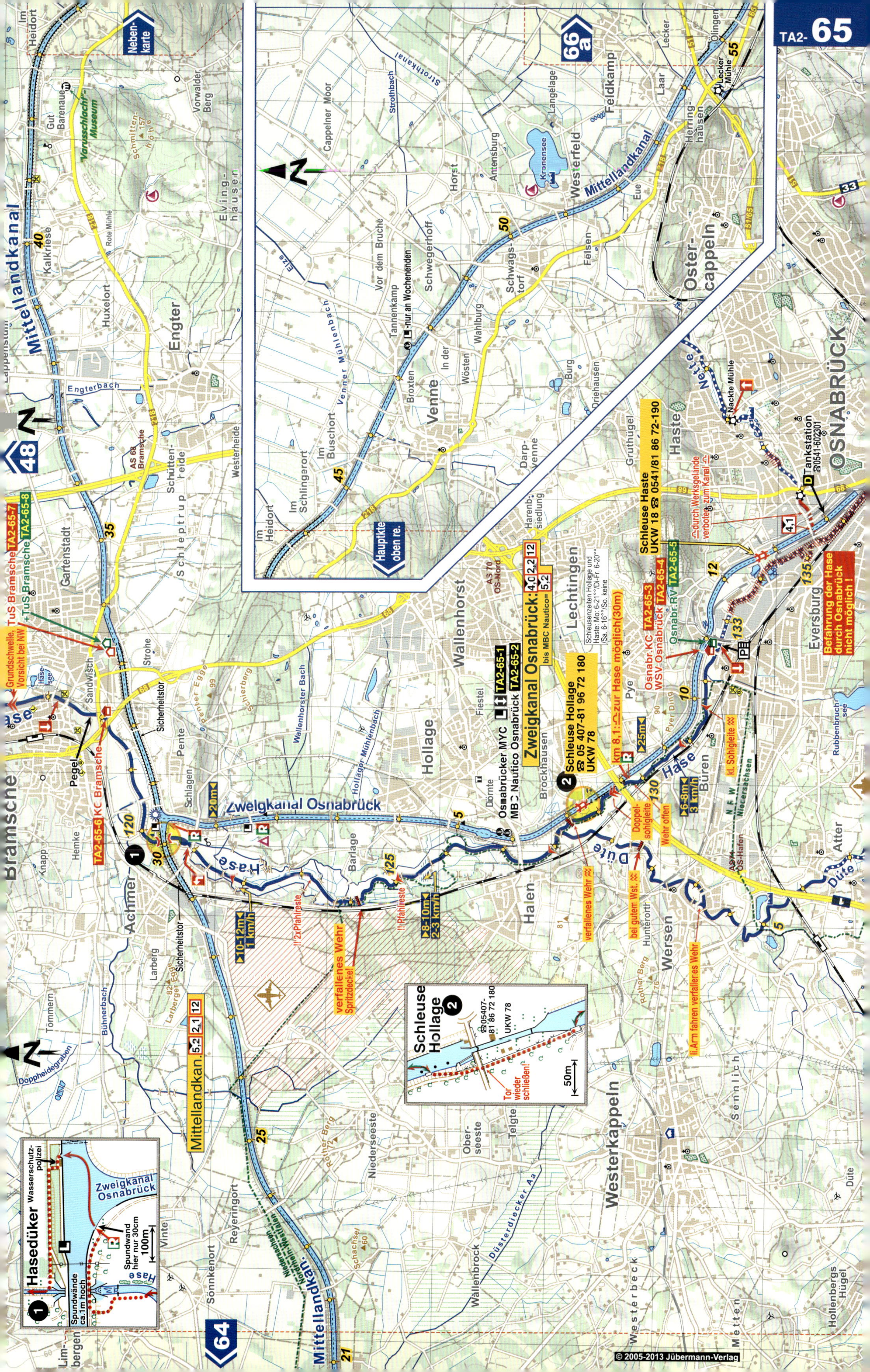
Mittellandkanal
Zweigkanal Osnabrück
Bramsche
Achmer
Engter
Hollage
Wallenhorst
Lechtingen
Haste
Osnabrück
Eversburg
Westerkappeln
Venne
Ostercappeln
Schleuse Hollage
☎ 05 407-81 96 72 180
UKW 78
Schleuse Haste
UKW 18 ☎ 0541/81 86 72-190
Hasedüker
Zweigkanal Osnabrück
Spundwände ca.1m hoch
Spundwand hier nur 30cm
100m
Schleuse Hollage
50m
Tor wieder schließen!
Befahrung der Hase durch Osnabrück nicht möglich !
verfallenes Wehr
km 8,1: zur Hase möglich (30m)
Wehr offen
Doppelsohlgleite
kl. Sohlgleite
Grundschwelle, Vorsicht bei NW
TuS Bramsche TA2-65-7
TuS Bramsche TA2-65-8
KC Bramsche TA2-65-6
Osnabrücker MYC TA2-65-1
MBC Nautico Osnabrück TA2-65-2
Osnabr.KC TA2-65-3
WSV Osnabrück TA2-65-4
Osnabr.RV TA2-65-5
Mittellandkan. 5,2 2,1 12
Hase
Düte
Nette
Hauptkte oben re.
Nebenkarte
48
64
66a
© 2005-2013 Jübermann-Verlag

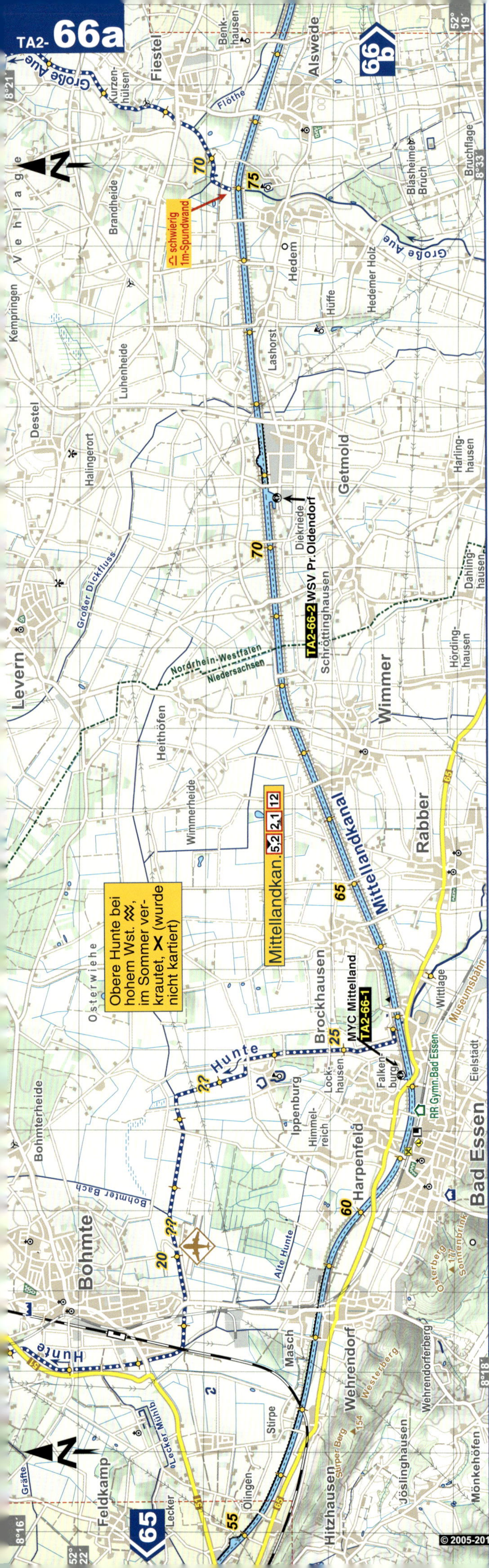

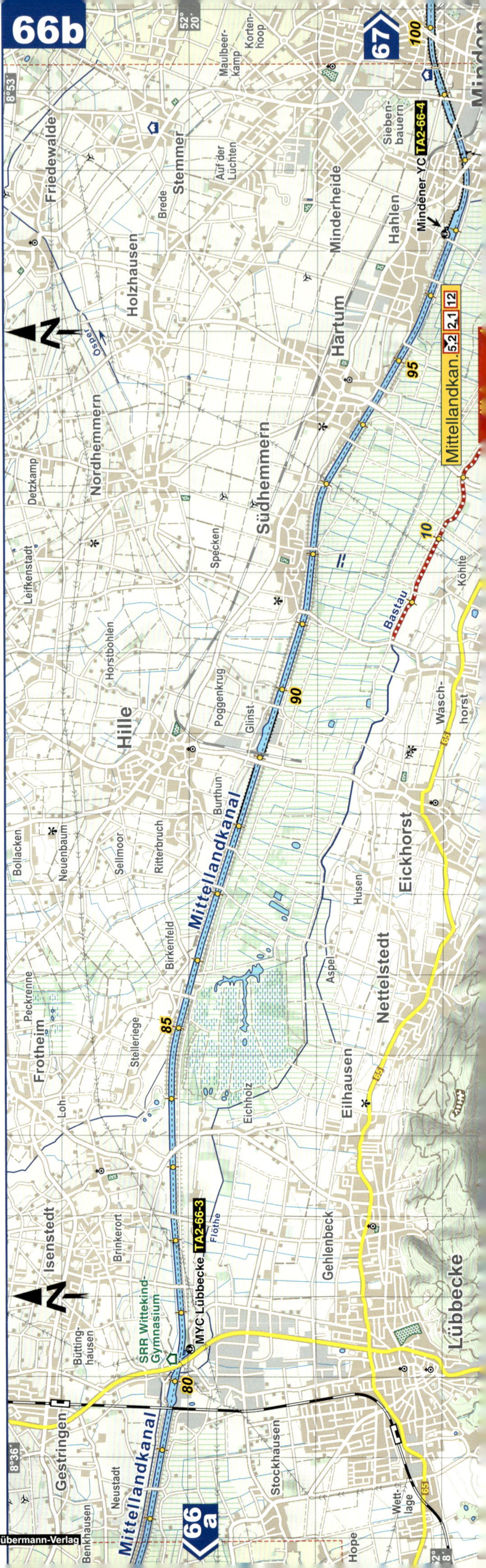

© 2005-2013 Jübermann-Verlag

Gehle: Befahrung verboten vom 15.3. bis 30.6.
Petershagen
50 m
Bootsgasse(Breite 1,30m) für Boote bis max. 1,10m Breite, 20cm Tiefg. Spritzdecke schließen !
(im Winter außer Betrieb)
für R treideln möglich Bootswagen vorhanden
R evtl. auch Schl.-Kan. benutzen u. mit Schiffahrt mitschleusen
MYC Lahde
TA2-67-8
Segler-Vereinigung Heimsen/Weser
viele kleine Stromschnellen
Schleuse Petershagen UKW 20, ☎ 0 57 05- 78 96
Ils: völlig begradigt und abgesenkt, nur bei HW f. K1 absolut langweilig
Kanalüberführung
-Möglichk: vom/zum Mittellandkan. (auch f. R mögl.)
MBC TA2-67-7
Bessel-RC Minden TA2-67-6
Buhne !!
max. 645cm
Campingplatz Lahde TA2-67-8
Motor-Yacht-Club Lahde
Weser: km 206 bis Landessbergen 2,8
Gehle: bis zur Ils-Mündung nur f. K1 bei hohem Wst befahrbar,einsam
Gehle mit PKW nicht erreichbar, Kanal fahren u. am Düker
Fa.Bootswana ☎ 05 71- 4 04 93 98 www.bootswana.de
Bückeburger Aue: oberhalb Meinsen munterer Fluss, für K1 und geübte K2 bei hohem Wst., unterhalb ruhiger u. ganzjährig befahrbar, außer nach längerer Trockenheit
zulässige max. Gruppengröße = 6 Boote !
MLK-Nordabstieg: 4,5 2,6
Schachtschleuse Minden: UKW 22, ☎ 0571/6458-2350
MLK-Südabstieg: 3,8 2,2
Obere Schl.:UKW22, ☎ 0571 / 6458-2350
Untere Schl.:UKW22, ☎ 0571 / 6458-2365
Wasserübungsplatz zeitw. Sperrungen
RR-Schaumburgia Bückeburg TA2-67-9
TA2-67-10 RC Stadthagen
evtl. (nicht erkundet)
hohe Sohlrampe
>55(ab Vehlen)
hinter dem links abgehenden Wehr (✕) li.
Düker, 2x
Sperrtor
Minden
TA2-67-4 TV Jahn
TA2-67-5 KKMinden
MTV Minden TA2-67-3
Mindener RV TA2-67-2
Faltboot-u. Skiclub Minden TA2-67-1
Weser
Schleusenkanal
Mittelland-kanal
Heimsen
Ilvese
Döhren
Windheim
Petershagen
Lahde
Frille
Wietersheim
Meinsen
Achum
Vehlen
Hespe
Helpsen
MINDEN
Nordabstieg
Südabstieg
Staubeginn
© 2005-2013 Jübermann-Verlag

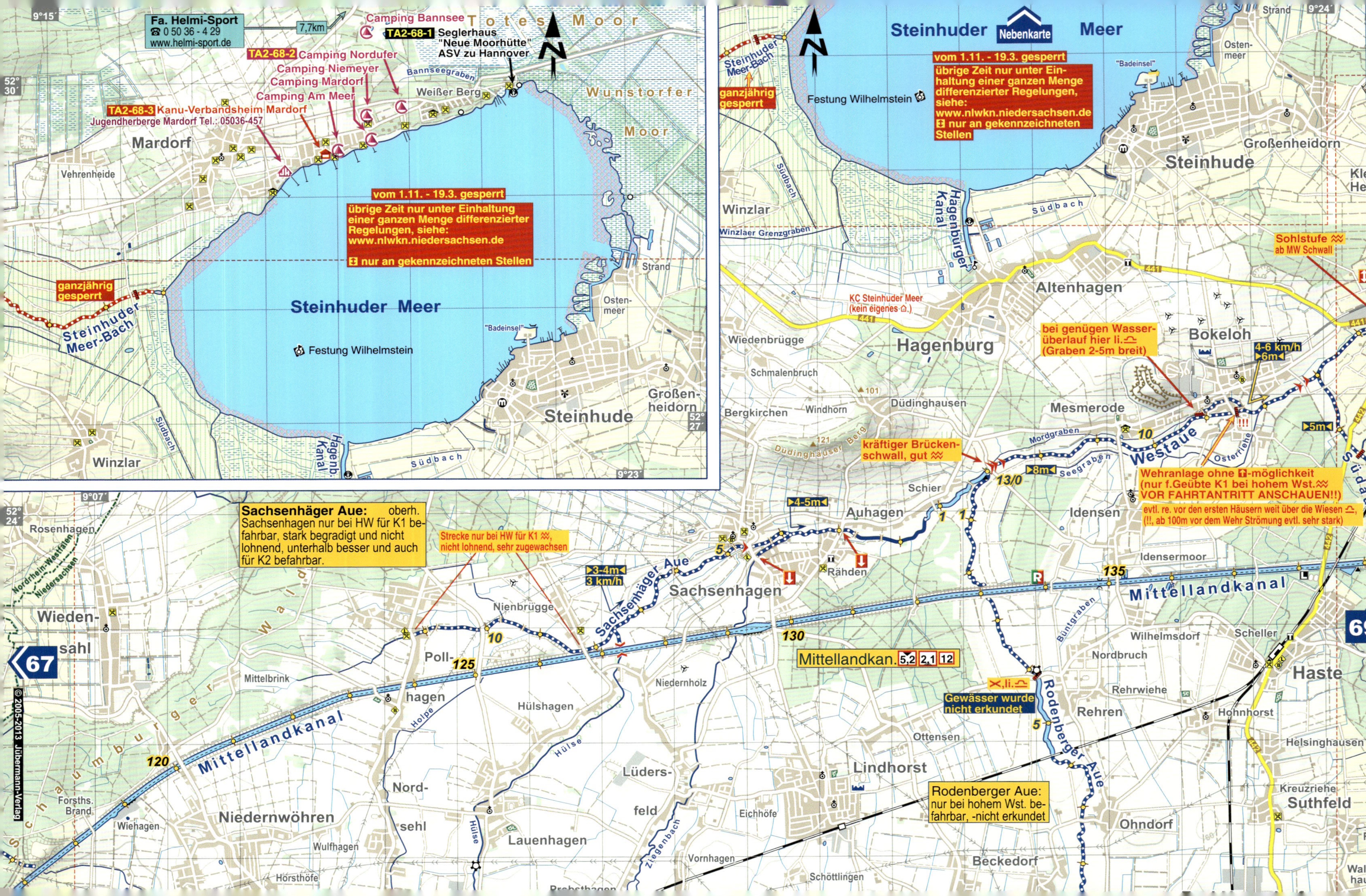

© 2005-2013 Jübermann-Verlag

Die Leine ist ab Hannover-Herrenhausen zwar Bundeswasserstraße, jedoch mit Motor kaum befahrbar (keine Verbindung zum Kanalnetz, Stromschnellen, Untiefen !!
De Leine ist unterhalb Herrenhausen ein zügig fließender Wiesenfluss mit meist recht hohen Ufern (außer bei HW), landschaftlich lohnend, aber keine guten Rast-, Ein- und Ausstiegsstellen. Für Ruderer daher trotz ausreichender Flussbreite nur mühsam zu erschließen.
Die eingetragenen Rastmöglichkeiten (schwarze Dreiecke) sind an diesem Fluss auch keine richtig guten Empfehlungen (Achtung, oft Kuhweide / evtl. Bullen - !!)
Kreuz Leine-Mittellandkanal
Mittellandkanal
Leine
(alte Fahrt gesperrt)
50m
Umtragemöglichkeit Leine - Kanal R: mühsam
Schleuse Limmer
Schleuse
schmale Treppe für Ruderer sehr mühsam
Leine
HW-Überlauf
Leine-Abstiegskanal
zum KC Limmer
500m
Hannover-Herrenhauser
hier kein möglich
!!!
Leine-Abstiegskanal
50m
Hafenschleuse Linden: UKW 82 ☎05137 / 82529-2135
Zweigkan.Linden: 4,0 2,0
TA2-69-1 Yachthafen Seelze Marina Klingenberg
TA2-69-2 Niedersächs. MBC
TA2-69-3 KC Limmer
TA2-69-4 mit Landesleistungszentr.
TA2-69-5 PC Stöcken
KC Limmer
KSC Hannover
Wasserskiclub H.
RG Angaria
RV Linden
DRC Hannover (keine U/A)
Bunkerboot Diesel
Tankstation Fa. Arnemann ☎05137-4636
bei wenig Wasser steiniger Schwall !!
Sohlstufe ab MW Schwall
Stufe (30cm) evtl., ?? Rücklauf, leicht
Kanaldurchlass frei (-möglichkeit auf Nordseite)
lange Sohlrampe für Geübte, bei wenig Wasser sehr steinig
verfallenes Wehrgestell (Schnelle)
Mini-Stufe
Mühle li. 20m
4 Sohlgleiten
Mittellandkanal
Zweigkanal Linden
Leine
Westaue
Südaue
Alte Südaue
HANNOVER
Wunstorf
Garbsen
Seelze
Kolenfeld
Herrenhausen
Stöcken
Limmer
Linden
Ahlem
Letter
Havelse
Marienwerder
Gümmer
Lohnde
Dedensen
Luthe
Horst
Schloß Ricklingen
Blumenau
Liethe
Klein Heidorn
Engelbostel
Godshorn
Vinnhorst
Ledeburg
Burg
Hainholz
Leinhausen
Davenstedt
Badenstedt
Bornum
Ricklingen
Wettbergen
Harenberg
Almhorst
Rasche
Bauhafen
Holtensen
Groß Munzel
Ostermunzel
Döteberg
Kirchwehren
Lathwehren
Lenthe
Barrigsen
Dunau
Landringhausen
Kokemühle
Riehe
Waltringhausen
Wichtringhausen
Nordgoltern
Großgoltern
Stemmen
Göxe
Eckerde
Winninghausen
Bantorf
Blauer See
Frielingen
Flughafen Hannover-Langenhagen
Hafen Brink
Nordhafen-Ost
Nordhafen-Mitte
Nordhfn.West
Schulenburg
Dreieck Hannover-West
AS 40 Wunstorf-Luthe
AS 41 Garbsen Raststätte
AS42 Herrenhausen
AS4 Engelbostel
AS 38 Bad Nenndorf
A 339 Wunstorf-Kolenfeld
15-20m 3-4 km/h
20m 3 km/h
10m < 1km/h
8m
5m
3 km/h
4-5m
3-4m
2m
155
160
145
149
151
© 2005-2013 Jübermann-Verlag

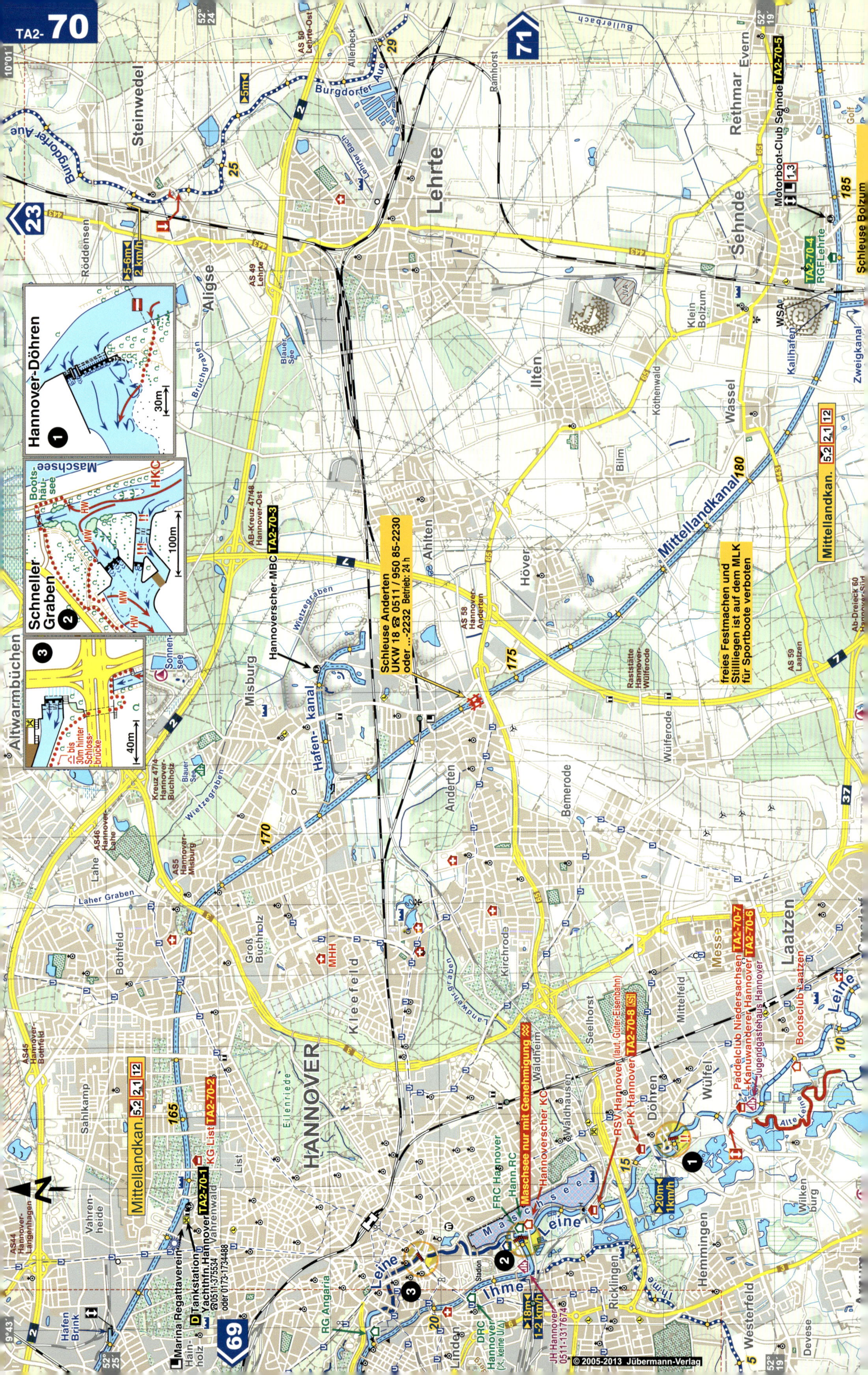

71
23
69
Steinwedel
Burgdorfer Aue
Lehrte
Aligse
Röddensen
Rethmar
Evern
Sehnde
Motorboot-Club Sehnde
TA2-70-5
TA2-70-4
RGF Lehrte
Schleuse Bolzum
Klein Bolzum
WSA
Kalihafen
Zweigkanal
Ilten
Köthenwald
Wassel
Bilm
Höver
Ahlten
Mittellandkanal
Mittellandkan.
Schleuse Anderten
UKW 18 ☎ 0511 / 950 85-2230
oder ...-2232 Betrieb: 24 h
freies Festmachen und Stilliegen ist auf dem MLK für Sportboote verboten
Hannoverscher MBC
TA2-70-3
Misburg
Hafen-kanal
Anderten
Bemerode
Wülferode
Altwarmbüchen
Hannover-Döhren
Schneller Graben
Maschsee
HKC
Lahe
Laher Graben
Bothfeld
Groß Buchholz
Kleefeld
MHH
Kirchrode
Seelhorst
Mittelfeld
Messe
Laatzen
HANNOVER
Sahlkamp
Vahrenheide
List
Eilenriede
Marina Regattaverein
Tankstation Yachthfn.Hannover
KG List
TA2-70-1
TA2-70-2
Hafen Brink
Hainholz
Linden
Ricklingen
Hemmingen
Wilkenburg
Westerfeld
Devese
Waldhausen
Waldheim
Döhren
Wülfel
Leine
Ihme
Alte Leine
RG Angaria
DRC Hannover
FRC Hannover
Hann. RC
Maschsee nur mit Genehmigung
Hannoverscher KC
RSV Hannover
PK Hannover
TA2-70-8
Paddelclub Niedersachsen
Kanuwanderer Hannover
Jugendgästehaus Hannover
TA2-70-7
TA2-70-6
Bootsclub Laatzen
JH Hannover
© 2005-2013 Jübermann-Verlag

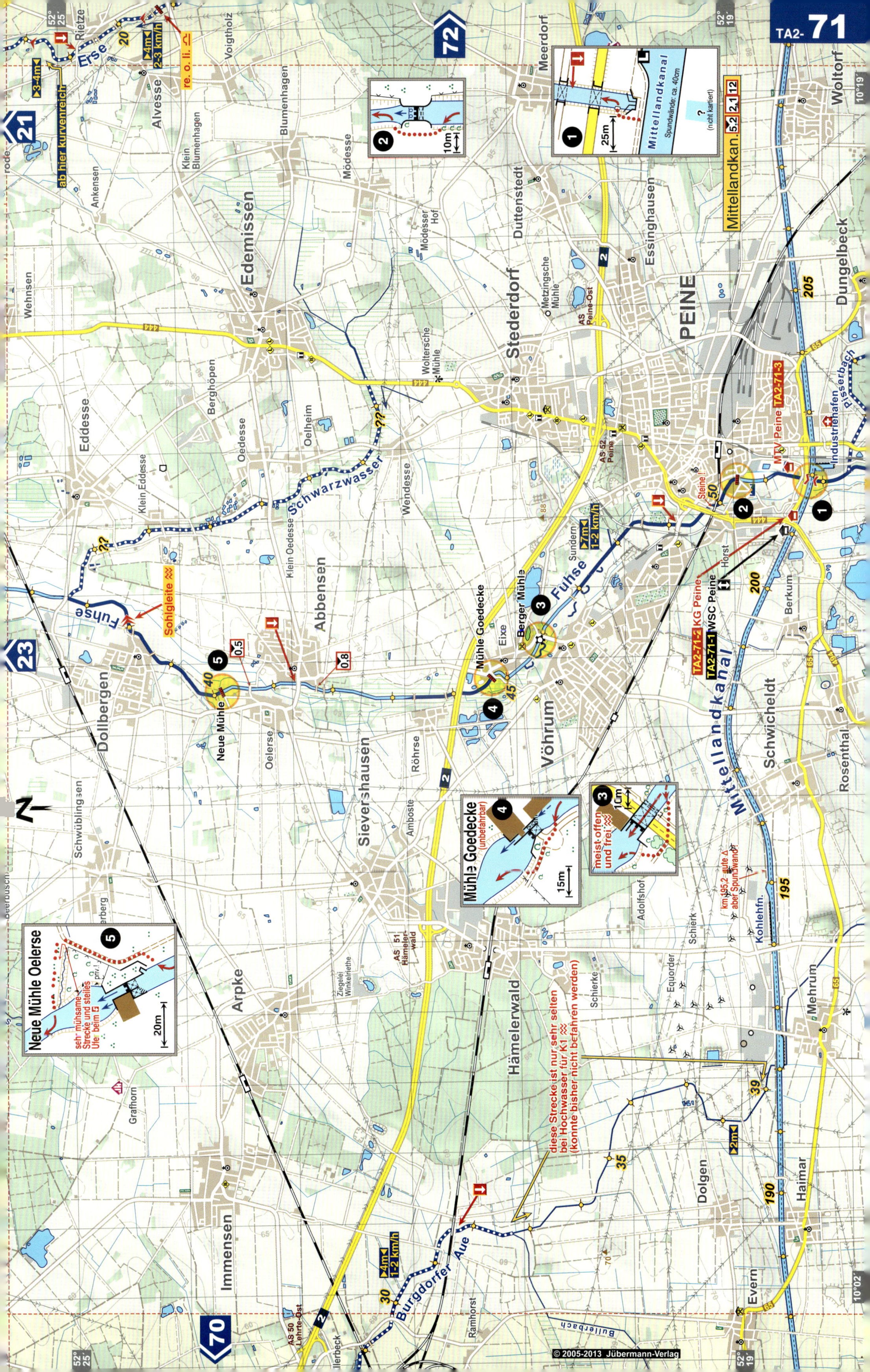

Mittellandkanal
Fuhse
Schwarzwasser
Erse
Burgdorfer Aue
PEINE
Edemissen
Stederdorf
Vöhrum
Dollbergen
Abbensen
Sievershausen
Arpke
Immensen
Hämelerwald
Schwicheldt
Rosenthal
Mehrum
Haimar
Dolgen
Evern
Woltorf
Dungelbeck
Essinghausen
Duttenstedt
Meerdorf
Alvesse
Wehnsen
Eddesse
Oelerse
Neue Mühle
Mühle Goedecke
Berger Mühle
Neue Mühle Oelerse
Mühle Goedecke (unbefahrbar)
meist offen und frei
Sohlgleite
Steine!
KG Peine
WSC Peine
MTV Peine
TA2-71-1
TA2-71-2
TA2-71-3
diese Strecke ist nur sehr selten bei Hochwasser für K1 befahrbar (konnte bisher nicht befahren werden)
ab hier kurvenreich
© 2005-2013 Jübermann-Verlag

© 2005-2013 Jübermann-Verlag

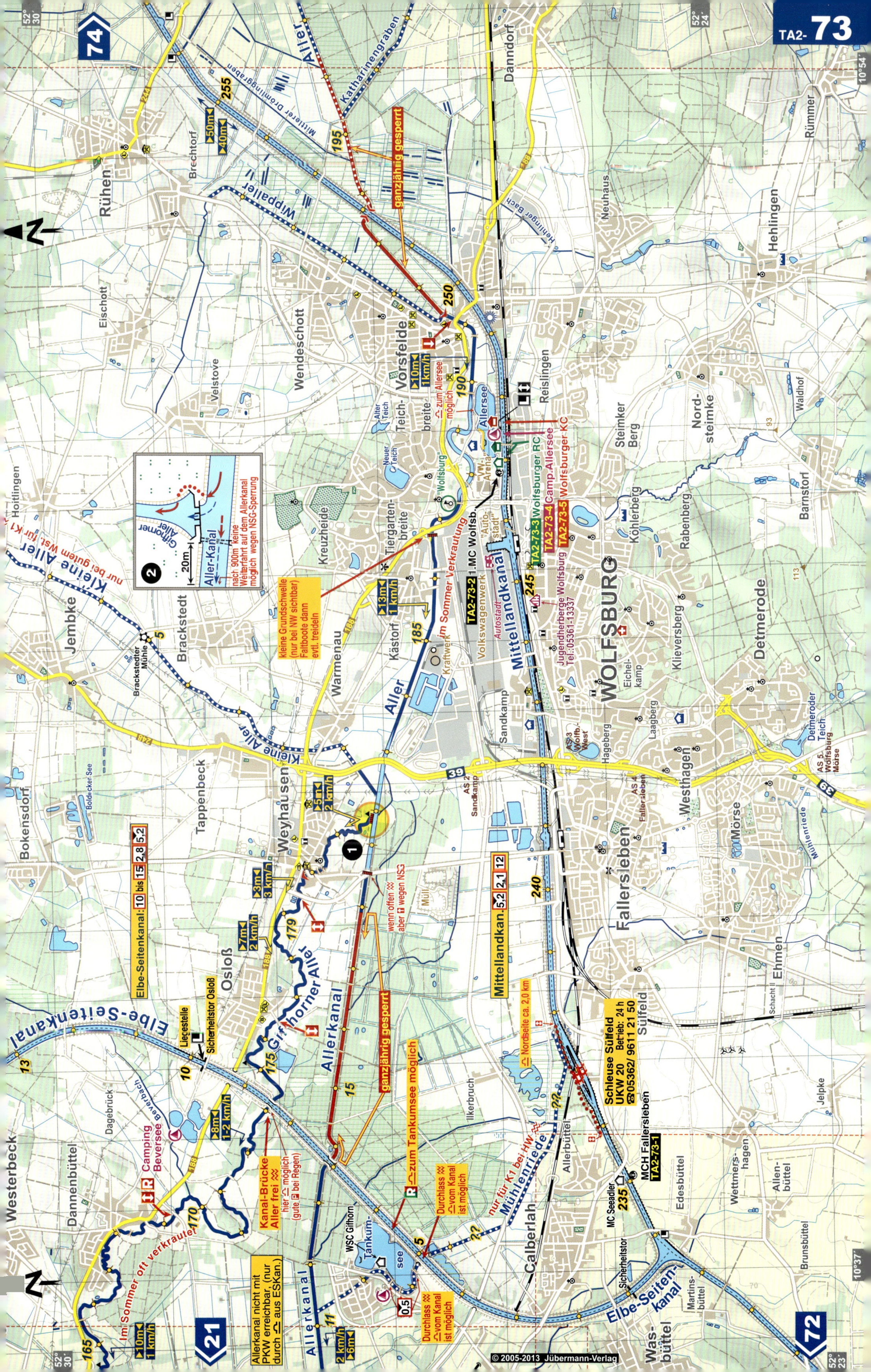

© 2005-2013 Jübermann-Verlag

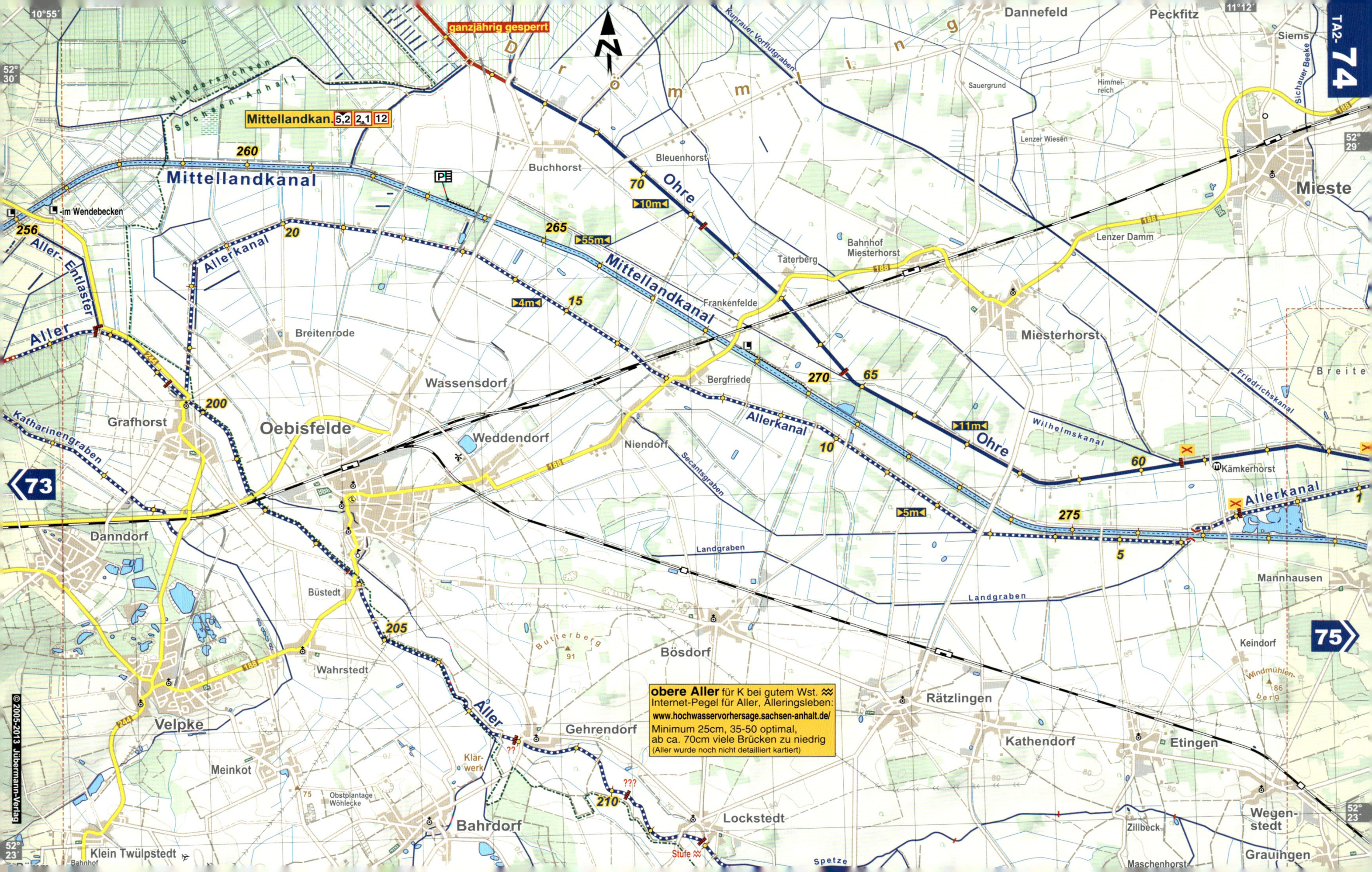

© 2005-2013 Jübermann-Verlag

Kol.Kämeritz
Jerchel
Jeseritz
Potzehne
Roxförde
Parleib
Schauer Beeke
Allerkanal
Ohre
Mittellandkanal
Elsebeck
Wanneweh
Berenbrock
Mannhausen
Klüden
Lössewitz
Zobbenitz
Velsdorf
74
Calvörde
Langer Berg
Die Ohre ist weitgehend reguliert und wenig abwechslungsreich, allerdings sehr einsam. Die Strecke oberhalb von Haldensleben wurde noch nicht kartiert
Dorst
Grauingen
Mörderberg
Mittellandkan. 5,2 2,1 12
Spetze
Böddensell
11m
Neukrug
Wieglitz
Uthmöden
Lübberitz
Bahnhof Flechtingen
Rabenberg
Ellersell
Satuelle
Detzelsche Berge
Flechtingen
Hasselberg
Schloss Detzel
Detzel
Lemsell
Zernitz
Bäcke
Bülstringen
Wehr, re., steile Ufer
gemauerte Rutsche (bei NW treideln)
JGH Haldensleben
Büchenberge
Parkplatz am Stendaler Tor
Hilgesdorf
Haldens-leben
Bullengraben
Süplingen
Bodendorf
Haldens-leben III
Stadt-hafen
Camping am Süplinger Steinbruch
Klausort
TA2-75-1 Wassersportfreunde Haldensleben
altes Sicher-heitstor
Ivenrode
Ziegelei
Luderberg
76
Stein-bruch
Eiche
Althaldensleben
Altenhausen
11°14´
11°24´
11°13´
52°26´
52°17´
© 2005-2013 Jübermann-Verlag